이주, 이동, 식민, 이민의
세계사

문명은 어떻게 전파되었을까?
서로 다른 문화가 만나
교역의 장을 이루다

이주, 이동, 식민, 이민의 세계사

다마키 도시아키 지음 · 서수지 옮김

사람in

머리말

인간의 거주지는 전 세계에 퍼져 있다. 비교적 생활하기 쉬운 온대는 기본이고, 열사의 땅 사막물론 밤이 되면 제법 추워진다에서부터 극한의 땅 시베리아와 아마존 밀림까지 인간이 살지 않는 곳은 없을 정도다. 현재 인간은 극한의 땅인 남극에도 기지를 건설해 정착했다. 지구 역사를 통틀어 이렇게까지 다양한 지역에 살았던 생물은 없다. 지구 곳곳에서 왕자로 군림했다고 여겨지는 공룡조차 현재로 치면 열대나 기껏해야 아열대에서밖에 생존할 수 없었다. 인간은 놀라울 정도로 다양한 환경에 적응해왔다.

인간이 주거와 의복을 비롯해 더위와 추위를 견디는 온갖 수단을 발명한 덕분이라는 주장에도 물론 일리는 있다. 그러나 나는 '장거리를 이동하는 능력과 수단'

이 더 중요하다는 주장에 힘을 실어주고 싶다. 인간의 역사란 그러한 능력과 수단으로 더 멀리, 더 광범위한 공간으로 확대해가는 과정이 아니었을까.

이 책은 '이민'이라는 관점에서 세계사를 풀어나가려 했다.

'이민'이란 상당히 좁은 정의로 말하면, 본인의 의사로 생활공간을 외국으로 옮긴 사람을 가리킨다. 이 책에서는 이민의 정의를 조금 넓게 잡고, '이동하는 사람들移民'이라는 글자 그대로의 의미로 이민의 역사를 살펴본다. '장거리를 이동하는 능력과 수단'이야말로 인간이 가진 특별한 힘이라고 믿기 때문이다.

인간의 역사를 여행에 비유하는 방식은 참신함이

떨어지지만, 그래도 본질을 제대로 꿰뚫은 말이라고 생각한다. 이 책에서 자세하게 살펴보겠지만, 역사란 '이동하는 사람들'이 한 걸음 한 걸음 쌓아 올린 세월이기 때문이다.

오늘날 우리가 사는 세계에서도 이민은 현재진행형이다. 2015년 지중해와 유럽 남동부를 거쳐 1,000만 명이 넘는 이민자의 물결이 유럽으로 밀려들어 왔다. 2018년에는 중남미에서 미국 국경을 향해 대규모 이민_{난민} 행렬이 카라반caravan을 이루어 이동하는 모습에 세계인의 관심이 집중되기도 했다.

더 나은 삶을 찾기 위해 개발도상국이나 경쟁이 치열한 지역에서 풍요롭고 자유로운 선진국으로 이주하고 싶어 하는 마음은 당연하다. 그러나 현재 유럽과 미국을 비롯한 잘사는 나라에서는 전문적인 직업을 갖지 못하거나 특별한 기술이 없는 외국인의 신규 유입에 신중해야 한다는 목소리가 높아지고 있다. 이민에 엄격하게 대응해달라는 국민적 요구에도 점점 힘이 실리고 있다. 이민이 힘들어지자 '난민'으로 입국을 시도하거나 특수한 알선책을 고용해 밀입국을 시도하는 등의 사건이 연일 불거지며 큰 문제가 되고 있다. 뉴스를 본 독자 여러분도 아마 잘 알고 있을 것이다.

이 책에서 이민정책에 대한 해답을 제시할 수는 없으나, '이민'이 현대사회에 국한된 현상이 아닌 지금까지 인간의 역사를 통해 볼 수 있는 보편적 현상이라는 인식에서 세계사를 바라보고자 했다. 이러한 인식 없이는 이민 문제에 대한 대책을 세울 수 없기 때문이다.

역사적으로 볼 때 자신의 이익이나 목적으로만 이주하지 않았다는 사실을 잊지 말아야 한다. 전쟁이나 박해를 피해, 또는 노예로 끌려가 강제로 이주할 수밖에 없었던 사람은 예로부터 많았다. 그들은 고생깨나 했겠지만 이주한 곳에서 자신이 가진 기술과 문화 등을 전하고 사회를 새롭게 변모시키는 데 이바지했다. 세계사란 이러한 '이민'이 쌓아 올린 집약체라고 해도 지나친 말이 아니다.

이동 방법 자체도 크게 달라졌다. 도보에서 말이나 낙타 등의 동물, 이어서 배를 활용했고 배의 크기도 점점 커졌다. 범선뿐 아니라 증기선까지 도입하게 되었고 철도, 자동차, 비행기의 발명으로 이동하는 속도와 거리도 비약적으로 늘어났다.

　'이동하는 사람들＝이민'이라는 관점에서 세계사를 바라보면 인간이 어떻게 문명을 만들고 전파했는지, 그리고 세계가 어떻게 하나의 공동체로 이어졌는지 전체적인 구도가 선명하게 눈에 들어올 것이다. 또 그 과정에서 생긴 문제와 그 문제가 오늘날 과제로 남았다는 사실도 실감할 수 있다.

　이 책이 사람의 이동을 통해 장기적인 시야에서 현재의 사회를 세계사로 생각해보는 실마리가 되길 바란다.

차례

Ⅲ '이민'이 유럽의 번영을 가져왔을까?

I

인류·민족의
'대이동'이란 무엇인가?

1

문명은
어떻게
전파되었을까?

'세계 최초의 이민'은?

현재 알려진 가장 오래된 인류는 지금으로부터 700만 년 전 아프리카 중북부에 살았던 사헬란트로푸스 차덴시스Sahelanthropus tchadensis다. 인류는 이후 아프리카에서 진화했는데, 이윽고 등장한 호모에렉투스 일부가 유라시아 대륙까지 진출했다. 200만~100만 년 전의 일이었다.

성서의 〈출애굽기〉에서 따와 내가 '출出아프리카'

라고 부르는 이 시기는 일반적으로 현생인류인 호모사피엔스가 두 번에 걸쳐 감행한 대이동을 가리킨다. 그렇다면 이 호모사피엔스의 이동은 '먼저' '미리' '앞서'를 뜻하는 영어 접두사 'Pre'를 붙여 'Pre-출아프리카'라는 선상에 둘 수도 있지 않을까. 인류가 아프리카를 벗어난 이유로 아프리카의 한랭화를 꼽는 경우가 많은데, 왜 이동했는지 구체적인 이유는 밝혀지지 않았다. 아프리카를 나선 이들이 아프리카보다 추운 지역까지 이동한 흔적도 발견되기 때문이다.

호모에렉투스의 분포 지역은 광대해 동아프리카에서 지중해 연안의 중동, 페르시아만에서 인도, 인도차이나, 인도네시아, 중국의 랴오둥반도 연안부까지 이르렀다. 내가 호모사피엔스야말로 '세계 최초의 이민'이라고 생각하는 까닭이다.

호모에렉투스는 유라시아 대륙 몇몇 지역으로 이주했으나, 그대로 각 지역에서 진화하지 않고 점차 멸종했다. 호모사피엔스가 멸종시켰을 가능성도 제기되었다. 그래서 호모에렉투스를 우리의 직접 조상으로는 보지 않는다. 그러나 장거리 이주를 하게 했던 다양한 유전자는 호모사피엔스에게 이어져 내려왔다. 이 책은 여기서부터 세계사를 풀어내 설명한다.

6대 문명의 탄생

헌생인류인 호모사피엔스는 두 번에 걸쳐 출아프리카를 단행했다고 알려져 있다. 첫 번째가 15만~10만 년 전이고, 두 번째가 7만~5만 년 전이다.

왜 두 번에 걸쳐 아프리카를 빠져나왔는지 정확한 이유는 규명되지 않았다. 식량 부족이 원인이라는 설도 있으나, 굳이 아프리카를 나올 정도로 심각한 식량 위기를 겪었는지는 의문이 남는다. 최대한 많은 지역에서 생활해야 종의 보존에 바람직하다는 본능이 작용했을까. 어느 쪽이든 아프리카에서 나온 호모사피엔스는 종 전체가 아닌 일부였다. 우리는 이 '일부'의 이동에 주목해야 한다. 이들의 이동이야말로 인류 역사뿐 아니라 생물 전체의 역사, 나아가 지구 환경까지 크게 뒤바꿔 놓았다.

수만 년에 걸쳐 계속 이동한 호모사피엔스는 '이민' 그 자체였다. 그러나 그들도 정착지를 찾아 그곳에서 생활하기 시작했다. 이렇게 세운 문명이 이른바 6대 문명이다. 메소포타미아, 이집트, 인더스, 황허강黃河江, 양쯔강揚子江, 고대 아메리카. 이 6대 문명은 '정착한 사람들' 즉 정착민이 건설했다고 볼 수 있다.

그런데 여기서 잠시 멈춰 생각해보자. 우리는 암묵적으로 문명이란 정착민이 건설했다고 생각하는데, 이런 믿음이 과연 사실일까?

적어도 이들 문명이 발달·전파되기 위해서는 '이동하는 사람들' 즉 이민의 존재가 필요했다. 정착민이 이룩한 문명권에 다른 지역의 사람들이 이주해 온다. 다시 그곳에서 살던 이들이 다른 지역으로 이동하고, 그 문명의 가치를 전달한다. 이 과정을 반복하며 문명권이 점차 확대되어 나간다. 그리고 아마도 이 과정이 인류가 탄생한 이후 거주지를 폭발적으로 늘렸던 방법이었을 것으로 추정된다.

정착민도 과거에는 어딘가 다른 지역에서 이주한 사람이었을 것이다. 즉 '출아프리카'란 아프리카를 나와 여정에 오른 인류가 이동 도중에 어딘가 정착한 일련의 과정이며, 한 번 정착한 사람들도 다시 다른 지역과 연계해 이동했다고 볼 수 있다.

6대 문명이 탄생하고 발전하는 동안에도 아프리

카를 빠져나오는 출아프리카 행렬은 계속 이어졌다는 사실을 잊지 말자. 예컨대 사람들은 동남아시아에서 태평양 지역으로 꾸준히 이동했다. 6대 문명의 영향을 받은 이들이 출아프리카 행렬 일부로 바다를 건너 태평양의 섬들까지 건너갔다는 뜻이다. 이 부분은 다음 장에서 자세히 살펴보기로 하자.

'이민'이 문명을 연결했다

메소포타미아문명을 예로 들어 문명의 전파를 조금 더 구체적으로 살펴보자. 메소포타미아문명은 알다시피 전 세계에서 가장 오래된 문명이다. 그들은 수레바퀴를 발명하고 포도주와 맥주를 빚었다. 이 멋진 발명과 발견은 당연하게도 그 가치를 인정하고 전파한 사람과 신문물을 수용한 사람이 있었기에 다른 지역까지 전해질 수 있었다.

메소포타미아문명이 인더스문명에 큰 영향을 주었다는 사실은 널리 알려져 있다. 이 두 문명은 육상경로와 해상경로 양 방면에 걸쳐 교역했다. 또 아시리아제국이 기원전 7세기 전반에 메소포타미아와 이집트를 통일하고 오리엔트 세계가 탄생하자 교역 범위는 이집트에까지 미쳤다.

그렇다면 메소포타미아문명, 그리고 오리엔트문명과 인더스문명은 어떻게 교역했을까?

여기서는 교역을 중개한 이들에게 초점을 맞추었다. 이란의 자그로스산맥을 따라 자리 잡은 엘람왕국 Elam에 속한 사람들이 교역의 주인공이다. 인더스문명의 기원을 연구하는 저명한 고고학자 고토 다케시後藤健는 이를 '엘람문명'이라 부르고, 고대 중근동 교역에서 크게 활약했다고 추정한다.

예를 들어 인더스문명의 산물로 알려진 청금석靑金石, lapis lazuli은 메소포타미아와 이집트로 건너가 파라오 투탕카멘의 마스크에 사용됐다. 고토 다케시에 따르면 엘람 상인이 이 청금석을 운송했다.

엘람인이 살던 지역은 농업에 적합하지 않았다. 대신 석재와 목재, 귀석貴石. 보석 다음으로 귀하게 여겼던 수정. 마노 등의 돌 - 옮긴이 등 풍부한 천연자원이 있었다. 그래서 자원을 상품으로 삼아 메소포타미아의 수메르인 등과 교역하고 번영했다. 엘람인은 문명에서 문명으로 상품을

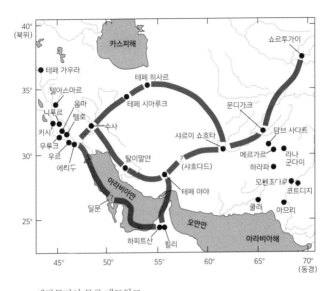

엘람문명의 물류 네트워크

後藤健,《메소포타미아와 인더스 사이 : 알려지지 않은 해양 고대문명(メソポタミアとインダスのあいだ : 知られざる海洋の古代文明)》(筑摩書房, 2015)을 바탕으로 작성

운송해 큰 이익을 얻었는데, 이러한 교역은 문명을 전파하는 행위였다. 역설적으로 인류가 정착해 문명을 확대하기 위해 문명과 문명을 잇는 '이민'이 큰 역할을 담당했던 것이다.

'왕의 길'은 하룻밤에 닦이지 않았다

엘람인이 교역로로 활용한 길은 본래 출아프리카 때 호모사피엔스가 사용했다고 추정한다. 엘람인은 그 경로를 일상적으로 사용할 수 있게 정비했으리라.

이 길은 이윽고 아케메네스왕조Achaemenes 페르시아가 사용한 교역로로 발전했다. 아케메네스왕조의 다리우스 1세는 이란고원의 수사Susa라는 도시에서 소아시아의 사르디스Sardis에 이르는 주요 도로인 '왕의 길The King's Highway'을 닦았다고 추정되는 인물이다. 일반적으로 '왕의 길'이라고 하면 아케메네스왕조 페르시아가 건설했다고 알려졌는데, 출아프리카 때와 그 후 엘람인이 교역로로 사용했던 경로를 확장하고 정비했다는 가설이 훨씬 이치에 맞다.

3장에서 살펴보겠지만, 고대 그리스마케도니아 알렉산드로스대왕알렉산더대왕의 군대가 아케메네스왕조 페르시아를 멸망시키고 인더스강까지 진출했을 때도 이 '왕의 길'을 이용했다.

우리는 무의식적으로 알렉산드로스대왕의 원정군이 사람의 발길이 닿지 않은 땅을 개척했다고 생각하는 경향이 있는데, 대왕의 원정은 출아프리카, 엘람인, 아케메네스왕조 페르시아로 면면히 이어져 내려온 교역로 확대가 있었기에 가능했다. 세계사의 거물로 유명한 알렉산드로스대왕의 여정은 알고 보면 대부분 아케메네스왕조 페르시아 영내에 머물렀지, 결코 길이 없는 곳을 개척한 것이 아니었다.

고대 이집트와 페니키아인

이번 장을 '출아프리카'로 시작한 까닭도 바로 여기에 있다.

무언가 특출한 재능과 능력을 지닌 개인이 역사를 만든다고 착각하기 쉽지만, '왕의 길' 이야기로 알 수 있듯이 역사의 진보란 한 걸음 한 걸음 내디뎠던 선인들의 발걸음이 차곡차곡 쌓인 과정이다.

문명도 그렇게 조금씩 전파되고 발전했다. 가령 고대 이집트문명은 나중에 설명하겠지만, 페니키아인을 통해 지중해의 여러 지역과 교역했다. 그때 사용한 경로는 고대 로마인, 중세 이슬람 상인과 이탈리아 상인, 근세 프랑스 상인, 영국 상인과 네덜란드 상인, 북유럽에서 온 스웨덴 상인의 무역 활동으로 이어져 유럽 번영의 주춧돌이 되었다.

출아프리카와의 관계로 돌아가면 고대 이집트문명이 아프리카 북동부의 누비아Nubia와 교역했을 가능성이 거론되는데, 마찬가지로 출아프리카 경로를 활용한 사례로 볼 수 있다.

출아프리카에는 육로뿐 아니라 해로를 이용한 이동도 있었다. 해상 이동으로 인류는 아프리카, 유럽, 아시아뿐 아니라 태평양의 섬까지 이주하게 되었다. 이렇게 베링해협빙하기에는 육지와 육지를 연결하는 좁고 잘록한 '지협'이었다을 건너서 남북아메리카 대륙을 횡단한 이들의 경로는 아메리카 대륙의 상업 통로로 발전했다고 추정된다.

인류는 육지와 바다라는 양방향을 개척하며 조금씩 세계 각지로 퍼져 나갔다. 다음 장에서는 해로를 중심으로 인류의 이동을 살펴보자.

2

태평양을 건넌
사람들에 얽힌
수수께끼

해상경로로 이동 개시

출아프리카부터 시작된 6대 문명 건설은 주로 육로를 통한 '이민'으로 이루어졌다. 그러나 해상경로로 출아프리카를 단행한 이들도 있었는데, 그중 태평양을 건넌 사람들에게 주목해야 한다. 태평양의 면적은 매우 넓어 1억 6,500만 킬로미터가 넘는다. 지구 표면적의 3분의 1에 해당하는 넓이다. 따라서 태평양을 건너는 이주에는 아득히 긴 세월이 필요했다. 인류가 남미대륙 최남

단에 도달했을 때가 1만 1,000년 전이었던 데 반해, 태평양의 이스터섬에는 1,500년 전에 도달했다.

7만~5만 년 전에 시작한 출아프리카는 육로를 포함하면 1,500년 전에 가까스로 막을 내렸다. 태평양을 건넌 이들로는 먼저 태평양의 여러 섬으로 이주한 사

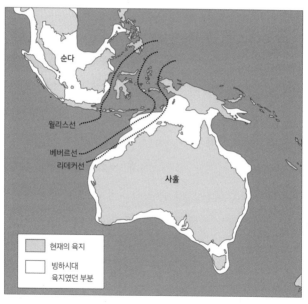

순다랜드와 사훌 대륙

람들을 꼽을 수 있다. 동남아시아는 적도 부근에 자리한 고온다습한 지역으로, 이 동남아시아를 전진기지로 삼아 인류는 두 번에 걸쳐 오세아니아로 이동했다.

첫 번째 이동은 약 5만 년 전이었다. 인류는 '동남아시아 여러 도서부'와 왼쪽 지도의 사홀Sahul 대륙으로 진출했는데, 주로 육로로 이동했다고 추정한다. 사홀 대륙은 오늘날 오스트레일리아 대륙과 뉴기니섬 등을 통합한 대륙으로, 대大오스트레일리아 대륙이라고 부르기도 한다. 2만 2,000~1만 5,000년 전 빙하기에는 해수면이 현재보다 1,000미터 낮아, 동남아시아의 여러 섬은 대부분 순다랜드Sundaland라는 하나의 커다란 대륙붕으로 이어져 있었다.

그런데 순다랜드와 사홀 대륙은 한 번도 땅으로 이어진 적이 없고, 깊은 해협을 사이에 두고 드문드문 떨어져 있었다. 그래서 이 지역에서 이동하려면 반드시 배가 필요했다. 어떤 배로 이동했는지는 안타깝게도 아직 밝혀지지 않았다.

항해자가 완성한 섬 네트워크

두 차례에 걸친 이동에서 인류는 적도 남북의 두 갈래로 나뉘어 동방으로 이동했고, 차츰 오세아니아 전역으로 세력을 확장했다. 동남아시아 여러 도서부에서 뉴기니 연안으로 이동했고, 이어서 하와이와 이스터섬, 뉴질랜드까지 이주했다.

신석기 문화 농경민이었던 그들은 라피타Lapita 양식 토기와 재배 식물, 가축 등을 싣고 돛을 단 아우트리거 카누outrigger canoe로 해상을 이동했다고 추정된다. '아우트리거'는 통나무 속을 파서 한쪽에 부력을 유지하는 장치를 말한다. 이들의 자손인 폴리네시아인 오스트로네시아어를 사용하는 몽골로이드은 카누 외에도 두 개의 선체를 갑판에서 평행으로 연결한 쌍동선雙胴船을 이용해 더 멀리 떨어진 태평양 여러 섬으로 이주했다.

물론 정착한 사람들뿐 아니라 섬과 섬을 연결하는 항로를 개척하며 이동을 계속한 사람들도 있었다. 그들은 새로운 섬을 발견하면 그 섬들 사이를 재주껏 이동해 네트워크를 강화했다.

이동한 사람들은 역풍인 탁월풍卓越風. 출현 횟수가

폴리네시아의 쌍동선

가장 잦은 바람의 방향에도 안전하게 항해하는 기술을 터득한 덕분에 항로를 개척할 수 있었다. 또 다양한 기후를 적절히 활용해 항해를 장기간 지속할 수 있었다. 폴리네시아인은 뛰어난 항해자였다. 인류는 육상뿐 아니라 해상에서도 자유롭게 이동하는 방법을 개발하며 전 세계로 퍼져 나갔다.

인류는 섬에서 섬으로 건너가며 여러 섬에 정착해 갔다. 이때 섬과 섬은 고립된 상태가 아니라 '이민' 네트워크로 통합되어 있었고, 태평양의 섬들은 어느 정도의 문화적 일체성을 유지할 수 있었다. 이러한 구조는 육상의 문명 전파와도 매우 유사하다. 정착한 사람들을 연결하며 이동하는 사람이 있었고, 그들은 문명과 문명혹은 더 소규모 문화와 문화을 통합해 더 큰 문명권문화권을 형성하는 구조를 만들었다.

인류는 정착이라는 한 가지 선택지만을 고집하지 않았다. 정착을 선택한 사람도, 이동을 선택한 사람도 있었다. 이 두 부류는 무관하지 않다. 일정 지역에서 다른 지역으로 이동하는 이들 중에도 계속 이동하는 사람이 있었고, 그 땅에 정착하는 사람도 있었다. 계속 이동하는 이도 언젠가 정착하고, 정착을 선택한 이도 언젠가 그 땅을 버리고 떠났다. 이런 과정을 거쳐 인류가 지구 전체로 퍼져 나갔기에, 설령 뭍으로 이어져 있지 않아도 인류의 기술과 문화가 다른 지역으로 이동하고 문화권으로서 연속성을 유지하는 게 당연했다고 추정할 수 있다.

누가 고대 아메리카문명을 세웠나

아메리카 대륙으로 이동한 사람들도 태평양을 건 넌 인류의 일부로 계산할 수 있다. 현재 연구로는 3만 5,000년 전에 이미 해상경로로 베링해협을 건너 북미에 인류가 이동했다고 본다. 아메리카 대륙을 횡단하려면 멕 시코 북서에서 동남으로 이어지는 대산맥인 시西시에라 마드레산맥, 로키산맥, 안데스산맥 등 큰 산맥을 넘어야 했는데, 이 길은 상상 이상으로 가혹한 여정이었으리라.

인류는 그 과정에서 아메리카 대륙 곳곳에 정착했 는데 평지만을 고집하지 않았다. 아메리카 대륙은 남북 으로 길쭉하다. 그래서 한랭하고 나무가 자라지 않는 지 역부터 온도가 높은 열대지방, 아마존 같은 원생림, 사막 까지 참으로 다양한 지역에서 살 수밖에 없다.

인과관계를 확실히 알 수 없으나 36쪽의 지도를 보면 알 수 있듯, 아메리카의 고대문명은 오늘날 중미에 거의 집중되어 있다. 중남미에서 벗어난 문명은 안데스 산맥에 터를 잡은 문명 정도다. 이는 아메리카 대륙에서 만 나타나는 기묘한 현상으로, 구대륙에서는 건조한 지 역에서 큰 강을 낀 문명이 발전했던 데 반해, 신대륙에서

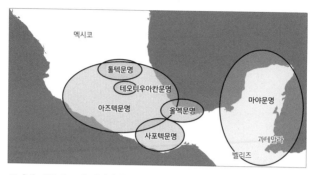

중미에 집중된 고대 아메리카문명

는 열대우림과 열대 사바나, 침엽수림 등 큰 강을 끼고
있지 않은 가혹한 환경에서 문명이 꽃을 피웠다.

　　통설에 따르면 문명은 큰 강 유역에서 생겨난다.
그 가설이 옳다면 아마존강 유역의 열대우림에서는 문명
성립이 불가능하더라도, 라플라타강을 끼고 있는 지역에
는 아르헨티나 문명이 존재해야 한다. 고대 아메리카문
명은 출발선부터 달랐기에 다른 문명권과 다른 방향으로
가지를 뻗어가며 발전했다.

　　문명 성립 양상이 달랐듯, 아메리카 대륙은 농업
역사도 구대륙과 다른 모습을 보인다. 아프리카나 유라

시아 대륙과는 다른 작물을 키웠는데, 예를 들어 안데스 산맥이 원산지인 감자는 기원전 1만 년 무렵에 재배하기 시작했다. 아즈텍문명에서는 이 감자를 말려 '추뇨chuño. 얼린 감자를 발로 밟아 으깨 수분을 제거하고 볕에 말려 만드는 저장식품 – 옮긴이' 형태로 비축했고, 감자를 보존식품으로 활용해 가혹한 환경에서도 문명을 유지해 나갔다.

감자는 유럽으로 전파되었고, 특히 30년전쟁 1618~1648년 시대에 독일에서 널리 재배되었다. 전쟁으로 밭이 황폐해져도 수확이 가능한 작물이었기 때문이다. 토마토와 옥수수, 카사바cassava 등 아메리카 대륙이 원산지인 먹을거리가 유럽으로 전파되어 훗날 세계 인구 증가를 뒷받침하는 데 크게 공헌했다는 사실도 머릿속에 넣어두자.

3

누가
유럽문명을
만들었나

그리스문명은 오리엔트문명의 일부에 불과하다

유럽인은 고대 그리스와 고대 로마를 합쳐 '고전
고대古典古代'라 부르며 고대 그리스어와 라틴어를 중요
한 고전어로 학습한다. '그리스문명'과 이를 계승한 '로마
문명'을 유럽문명의 원천으로 간주하기 때문이다.

일반적으로 고대 그리스에서는 민주주의가 발전
했다고 알려져 있다. 그리스인은 민회를 열고 성인 남성
이 직접선거로 대표를 선출했다. 그러나 그리스 사회에

는 엄연히 노예가 존재했고, 여성에게는 참정권을 부여하지 않았다는 사실을 잊지 말아야 한다.

프랑스 중세사가로 유명한 자크 르 고프Jacques Le Goff가 저서 《청소년들이 쉽게 읽는 유럽 역사 이야기 L'Europe Racontee zux Jeunes》에서 한 말은 고대 그리스를 과대평가했다는 생각이 든다.

> 그리스의 유산은 무엇보다 민주주의민중의 통합이라는 의미, 도시국가의 시민법 앞에서의 평등 및 공무 참가 평등에 대한 희구가 있다.

애초에 그리스를 정말로 유럽이라 말할 수 있을까? 기원전 3000년 무렵부터 에게해 연안에서 오리엔트문명의 영향을 받아 청동기 문명이 형성되었다. 고대 그리스에서 가장 오래되었다는 에게문명기원전 30세기경~ 기원전 12세기이다. 에게문명은 오리엔트 지역의 해상 교역을 통해 차츰 하나의 문명권을 형성했다. 그렇다면 그 후에 형성된 그리스문명은 오리엔트문명의 영향을 받았을 수밖에 없다. 그리스문명은 어디까지나 오리엔트문명의 일부, 그 문명권의 서단西端을 형성한 수준이라고 보는 게 합당하지 않을까. 즉 유럽문명의 원천은 그리스보다 오리엔트문명이라는 말이 더 정확하다.

식민지 건설에 적극적이었던 이유

그리스 시대에는 도시국가, 즉 폴리스를 형성했다. 폴리스끼리는 대립하기도 했으나 기본적으로 문화적인 일체감을 공유했다. 그리스어라는 공통의 언어를 사용하고, 공통의 신들을 믿었다. 또한 스스로를 영웅 헬렌의 자손이라는 뜻의 '헬레네스Hellenes'라 칭하고, 이민족은 야만인이라는 뜻의 '바르바로이barbaroi'라 부르며 배척했다. 그리스인 핏줄끼리 모여 '올림픽올림피아제전'도 개최했다. 이러한 사실은 이미 이 시대에 배타적인 선민사상이 싹텄다는 증거로 볼 수 있다.

42~43쪽의 지도를 보면 알 수 있듯이 그리스는 적극적으로 식민도시를 건설했다. 식민도시는 식민자가 개척한 도시로, 식민도시 건설은 일종의 이주 정책이었다. 그리스인은 식량문제를 해결하기 위해 식민지를 건설했다. 곡물 등의 필수 물자가 그리스 내에서는 부족해 해외

에서 공수해야 했기 때문이다.

마사리아Massaria. 오늘날 마르세유와 네아폴리스 Neapolis. 오늘날 나폴리, 시칠리아의 시라쿠사Siracusa, 에게 해에 면한 밀레토스Miletos, 비잔티움Byzantium. 오늘날 이스 탄불이 대표적인 그리스의 식민도시다. 식민지까지 포함 하면 그리스는 각각의 폴리스 규모는 작아도 다수의 식 민도시를 거느린 '제국'이었다. 이 식민시 건설이라는 제 국주의적 활동을 계기로 일어난 사건이 페르시아전쟁기 원전 492~기원전 479년이었다.

페르시아전쟁에서 그리스가 승리했나

페르시아전쟁의 기본 사료는 '역사의 아버지'라는 별명으로 더 유명한 헤로도토스Herodotos로부터 비롯되 었다. 헤로도토스는 페르시아전쟁을 "그리스의 폴리스가 전제정치를 일삼는 아케메네스왕조 페르시아로부터 자 유를 지키려던 싸움이었다"라고 평가했다.

그러나 오늘날에는 헤로도토스와 같은 견해를 지 닌 역사가는 소수다. 그리스와 아케메네스왕조 페르시아

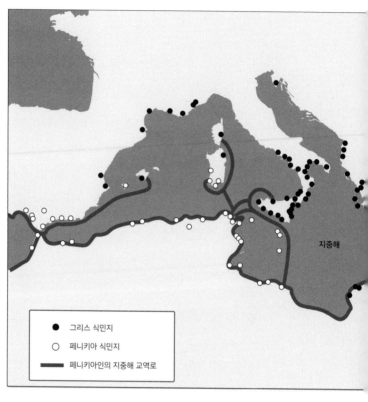

그리스 식민지
페니키아 식민지
페니키아인의 지중해 교역로

지중해

고대 그리스, 페니키아의 식민지와 페니키아인의 교역로

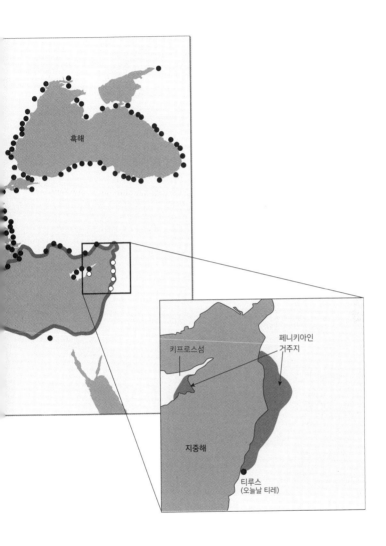

혹해

키프로스섬

페니키아인
거주지

지중해

티루스
(오늘날 티레)

라는 두 제국주의 세력 간에 벌어진 실력 다툼이었다는 의견을 학계에서는 거의 정설로 받아들이고 있다.

아래 지도에서 알 수 있듯, 아케메네스왕조 페르시아는 오늘날 발칸반도에서 인더스강에 이르는 대제국이었다. 이오니아Ionia, 아나톨리아반도 남서부 지방의 그리스 식민지가 아케메네스왕조 페르시아에 대항해 반란을 일으켰고, 그 반란을 아테네 등의 그리스 폴리스가 지원하며 페르시아전쟁을 촉발했다.

그리스 측 견해에 따르면 민주정으로 단결한 아테

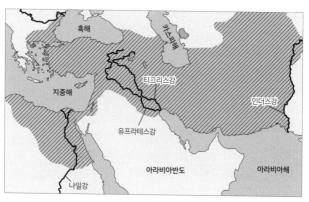

아케메네스왕조 페르시아의 영토

네 시민군 중심의 중장보병이 기원전 490년 마라톤전투에서, 그리고 그리스 연합군이 기원전 480년 살라미스해전과 기원전 479년 플라타이아이싸움에서 페르시아군을 무찌르고 전쟁에서 승리했다.

그런데 아케메네스왕조 페르시아라는 대제국의 시각에서 바라본 페르시아전쟁은 국력을 총동원하는 대규모 전쟁이라기보다는 비교적 작은 사건, 말하자면 국지전에 불과했다. 페르시아가 그리스와 실제로 강화조약을 맺었는지는 확실하지 않다.

일반적으로 전쟁은 강화조약을 맺거나 어느 한쪽이 멸망하지 않는 한 명확하게 끝났다고 볼 수 없다. 페르시아전쟁은 기원전 449년 칼리아스 평화조약을 체결하며 그리스의 승리로 끝났다고 여겨졌다. 그러나 오늘날 연구에서는 이 평화조약을 실제로 체결했는지 의문을 제기하고 있다.

정말로 그리스가 승리했을까? 따지고 보면 페르시아전쟁에서 그리스가 최종적으로 승리했다는 확실한 증거는 없다. 페르시아가 이 전쟁을 어느 정도로 중요하게 여기고 종결하려 노력했는지 알 길이 없기 때문이다.

대표적 폴리스 중 하나인 아테네가 이 전쟁의 결

과와 아케메네스왕조 페르시아의 위협을 효과적으로 이용해, 여러 폴리스 사이에서 우위를 차지했다는 사실에 주목해야 한다. 아테네는 기원전 478년경 페르시아의 재침공에 대비해서 스스로 맹주가 되어 폴리스 간의 군사동맹을 결성했는데, 이것이 바로 '델로스동맹'이다. 본부는 델로스섬에 있었고, 전성기에는 200개 폴리스가 이 동맹에 참여했다.

그런데 시나브로 아테네의 지배력이 강화되자 기원전 454년 본부를 아테네로 이전했고, 동맹 자금과 군사력도 독점했다. 아테네의 전횡은 펠로폰네소스전쟁기원전 431~기원전 404년에서 스파르타를 중심으로 결성된 펠로폰네소스동맹에 델로스동맹이 패할 때까지 이어졌다.

기원전 5세기 중엽에는 스파르타를 대신해 테베가 그리스의 맹주가 되었는데, 그 패권도 단기간에 그쳤다. 기원전 338년 마케도니아가 테베와 아테네 연합을 격파하고 새로이 그리스의 지배자로 올라섰기 때문이다.

앞에서 그리스인이 자신들을 '헬레네스'라 부르고 나머지는 '바르바로이'라며 업신여겼다고 설명했는데, 마케도니아는 폴리스로는 인정받아도 바르바로이 취급을 받았다. 마케도니아의 지리적 위치가 그리스 변방이었기 때문이다. '바르바로이'라 불리던 마케도니아가 흩어진 폴리스를 통일했다는 역설 또한 역사를 읽는 재미 아닐까.

알렉산드로스대왕의 원정과 '이민'

마케도니아가 '바르바로이'라 불린 데에는 지리적 위치 외에도 또 다른 이유가 있었다. 페르시아전쟁 당시 그리스가 아닌 페르시아 측에 가담해 미운털이 박혔을 공산이 크다.

그로부터 100년 이상 지나, 이번에는 마케도니아의 필리포스 2세가 그리스의 지배자가 되어 페르시아 원정을 계획했다. 그 계획은 필리포스 2세가 기원전 336년 암살되며 실행되지 못했으나, 아버지의 유지를 이어받은 알렉산드로스대왕이 실행했다. 기원전 333년 이소스의 싸움을 계기로 페르시아 왕 다리우스 3세의 군을 잇달아 격파하고 페르시아 원정을 성공적으로 마무리 지었다.

알렉산드로스대왕은 원정을 계속했고 인더스강에 이르는 대제국을 건설했다. 이 일련의 원정은 세계사

서적에서 '알렉산드로스대왕의 동방 원정'으로 알려졌고, 일반적으로 '그리스·마케도니아 연합군을 이끈 알렉산드로스대왕이 주도한 오리엔트 세계 원정. 아케메네스왕조를 멸망시키고 동서 문화를 융합해 헬레니즘 시대가 도래했다'고 정리한다.

그런데 1장에서 살펴보았듯, 알렉산드로스대왕이 원정에 사용한 길의 대부분은 아케메네스왕조 페르시아가 닦아놓은 공공도로였다. 아케메네스왕조 페르시아는 중앙집권화를 진행해, 국왕이 임명한 '왕의 눈' '왕의 귀'라는 행정관이 지방 상황을 국왕에게 보고했다. 제국 안에는 공공도로를 건설했는데, 수도 수사에서 소아시아의 사르디스까지 2,500킬로미터에 달하는 '왕의 길'이 가장 유명하다.

알렉산드로스대왕은 이 길을 이용해 대군을 이동하였고, 기원전 331년 아케메네스왕조 페르시아를 함락했다. 그 후 인더스강까지 이동했는데, 진군 경로 대부분이 아케메네스왕조 페르시아 영내에서 이루어졌다. 이 길들은 엘람인이 인더스문명과 메소포타미아문명을 연결하는 상업 통로로 사용하던 길을 정비하며 거대한 도로망으로 발전했다.

알렉산드로스대왕은 그리스에서 오리엔트 세계에 걸친 대제국을 형성했다. 그러나 기원전 323년 바빌론에서 열병으로 사망하자, 그의 개인적 능력으로 가까스로 통일됐던 제국은 허망하게 멸망했다.

한편 알렉산드로스대왕은 원정 과정에서 자신의 이름을 딴 '알렉산드리아Alexandria'라는 도시를 각지에 건설했다. 원정 과정에서 그리스를 떠나 중앙아시아로 이주한 사람도 많았을 것이다. 현재는 학계에서 알렉산드로스대왕의 원정으로 동서 문화가 통합되어 헬레니즘문명이 탄생했다는 견해를 정설로 받아들이지 않고 있지만, 이 원정으로 많은 그리스인이 이주해 이 일대에 새로운 보금자리를 만들고 정착했다는 부분은 역사적 사실로 볼 수 있다. 당시 오리엔트의 경제·문물이 그리스보다 풍부했기 때문이다.

제국이 탄생하면 문화적 매력에 끌리거나 높은 임금을 받을 수 있다는 기대로 변방의 사람들이 제국의 중심으로 이동한다. 그리스인의 이민은 그 사례 중 하나다.

사람과 상품의 이동으로 그리스문명은 오리엔트문명의 영향을 더 많이 받았다. 이 시점까지는 아직 유럽문명이 오리엔트문명에서 분리되지 않았던 셈이다.

교역의 민족, 페니키아인의 역할은?

그리스인과 마찬가지로 페니키아인도 고대 지중해에서 중요한 역할을 맡았다. 그들 역시 적극적으로 식민지 건설 활동에 매진했다. 크게 보면 그리스인은 동지중해에, 페니키아인은 서지중해에 식민지를 건설했다.

페니키아인은 에게문명에 속한 크레타문명기원전 2000~기원전 1400년경과 미케네문명기원전 16세기~기원전 12세기이 역사의 뒤안길로 사라진 후에 지중해 무역으로 번영을 누린 민족이라는 것 이외에는 알려진 사실이 거의 없다. 셈계 어족에 속하고 해상무역에 종사했다는 정도가 그나마 확실히 밝혀진 역사적 사실이다. 페니키아인의 근거지는 원래 동지중해 남쪽 연안이었다. 그 지역에 서식하던 백향목Cedrus libani을 선박 재료로 활용해 지중해 무역 활동에 진출했다.

교역 민족인 페니키아인은 고대 알파벳을 개량해 오늘날 알파벳의 원형을 만들었다. 교역이란 단순히 말을 주고받는 정도로 완결되지 않는다. 사용 언어가 다른 여러 민족과 문자로 의사소통을 해야 하기에 알파벳을 개량했다고 추정할 수 있다.

페니키아인의 상업 네트워크는 42~43쪽의 지도를 보면 알 수 있다. 페니키아인이 형성한 지중해 상업 경로를 살펴볼 때에는 동지중해를 근거지로 삼은 페니키아인이 이 지역에 티루스Tyrus를 수도로 건설하고, 티루스의 식민지로 서지중해에 카르타고Carthago를 건설했다는 사실에 초점을 맞추어야 한다.

페니키아인은 이 지중해 양쪽 도시를 중심으로 이주를 반복해가며 상업권을 확대했다. 아래 표는 티루스

각지에서 티루스로 모인 상품

지명	품목	지명	품목
타르시시	은, 철, 주석, 납	다마스쿠스	포도주, 양털
야완(이오니아)	노예, 청동 상품	드단	승마용 거친 피륙
벳-토가르마	말, 군마, 노새	아불/케달	양, 염소
로도스섬	상아, 흑단	세바/라마	향료, 보석, 황금
이스라엘/유다	밀, 수수, 꿀, 기름, 유향(수지의 일종)		

栗田伸子·佐藤育子, 《흥망의 세계사 통상국가 카르타고(興亡の世界史 通商国家カルタゴ)》(講談社, 2016)

가 교역한 주요 도시와 거래 상품을 나타낸다. 일반적으로 티루스는 전 세계 온갖 상품이 모이는 동지중해 최대의 교역 도시로 여겨진다.

이 표에서 정리한 대로 몇몇 도시에서 티루스로 상품을 운송했고, 티루스에서 다시 수출했다. 사실 많은 상품이 티루스를 거쳐 페니키아인의 배에 실려 각지로 운송되었다. 이 시기에 티루스 등지에 사는 페니키아인이 페르시아와 손잡고 세력을 확장했다.

티루스는 몇 개의 식민지를 거느렸는데, 서지중해 카르타고가 가장 중요한 식민지였다. 카르타고는 오늘날 북아프리카의 튀니지 근처에 건설되었다. 기원전 820~기원전 814년 무렵에 세웠다고 하는데, 기원전 6세기에 이미 서지중해 교역의 중심이 되었다.

지중해를 동서로 보면 거의 중앙에 카르타고가 자리 잡고 있다. 카르타고는 가운데 버티고 서서 북아프리카에서 이탈리아에 이르는 지중해 남북로를 장악할 수 있었다. 또 아시리아와 신바빌로니아의 등장으로 티루스의 상업이 점차 쇠퇴하며 카르타고가 반사이익을 얻은 측면도 있었다.

페니키아인의 교역 중심도시는 티루스에서 카르타

고로 이동했고, 동시에 수많은 상인도 따라서 이동했다.

대제국으로 성장하는 고대 로마

도시국가에 머물렀던 그리스와 대조적으로, 페니키아인은 영역국가연맹국가를 지향했다. 도시국가는 하나의 도시와 그 주변 지역을 단위로 한 국가이고, 영역국가는 복수의 도시와 그 주변 지역을 아우르는 국가를 일컫는다.

고대 로마도 자국령을 확대해 광대한 로마제국을 건설했다. 로마제국은 통합시스템 측면에서 페니키아인에게 많은 영향을 받았을 가능성이 있다. 로마인은 제국을 건설하며 카르타고를 본보기로 삼았던 모양이다.

카르타고는 서지중해에 걸친 광대한 제국을 건설했고, 이베리아반도에 카르타헤나Cartagena, 알메리아Almería, 발렌시아València, 바르셀로나Barcelona 등의 식민지를 보유했다. 시칠리아에서는 서반구를 지배했고, 동쪽의 그리스 식민지 시라쿠사와 격렬하게 대립했다. 수세에 몰린 시라쿠사는 로마에 원군을 요청했다. 카르타고와 시칠리아에 진출할 호기를 얻은 로마와의 싸움은 '포에니전쟁'이라 부르는 세 번에 걸친 전쟁이다.

기원전 264~기원전 241년의 제1차 포에니전쟁에서는 시칠리아가 주요 전장이 되었고, 전쟁에서 승리한 로마는 시칠리아를 최초의 속주屬州로 삼았다. 또 진출을 강행해 나가 카르타고로부터 사르데냐Sardegna와 코르시카Corsica를 빼앗는 데 성공했다.

기원전 218년부터 시작된 제2차 포에니전쟁에서는 카르타고의 한니발Hannibal 장군이 아프리카코끼리 부대를 이끌고 알프스산맥을 남하해 이탈리아반도의 로마 본토로 침입했다. 이때 칸나에전투에서 대승한 한니발은 14년에 걸쳐 이탈리아에 머물며 로마와 맞서 싸웠다. 그러나 카르타고는 승리를 효과적으로 활용하지 못했다. 로마의 스키피오Scipio Africanus 장군이 형세를 역전시켰고, 카르타고 근교의 자마전쟁에서 한니발군이 패하며 쓰라린 패배를 맛보아야 했다.

전쟁에서 승리한 로마는 카르타고에게 거액의 배상금을 요구했다. 카르타고는 상업으로 막대한 이익을 얻었기에 로마가 요구한 배상금을 그리 어렵지 않게 갚을 수 있었다. 카르타고가 너무 쉽게 빚을 갚자 로마는 카르타고를 다시 보게 되었다. '카르타고를 그냥 둘 수 없다. 확실히 밟아주어야 할 강적이다'라고 재평가한 것이다.

제3차 포에니전쟁은 기원전 149년 로마가 카르타고 섬멸을 목표로 일으킨 전쟁으로, 기원전 146년 카르타고를 파괴하고 멸망시키며 끝났다. 로마는 도시에 불을 질렀고, 이 불은 무려 17일 농안 타올라 카르타고는 잿더미만 남았다. 총인구 50만 중 살아남은 5만 5,000명의 카르타고인은 노예로 팔렸다.

이렇게 유럽은 오리엔트를 잊었다

56쪽의 지도처럼 포에니전쟁 이후 로마 영토는 크게 확장됐다. 카르타고가 상업적으로 지배하던 지중해를 이번에는 로마가 정치적으로 지배했다. 수많은 로마 배가 지중해를 오갔고, 페니키아인과 카르타고인이 개척한 뱃길을 활용했다.

로마제국은 아프리카 북안北岸을 자국의 영토로 삼고 수많은 노예를 이탈리아반도로 끌고 왔다. 또 식량

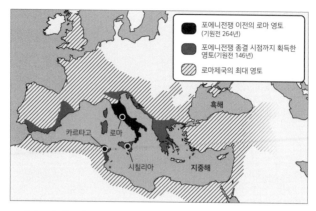

로마제국의 영토 확장

이 부족해지자 아프리카 속주, 특히 이집트에서 식량을 공수해왔다. 로마는 이때도 페니키아인이 개척한 경로를 사용했다고 추정할 수 있다.

영토가 확장되자 수많은 이민자가 수도 로마로 몰려들며 식량 부족 사태가 발생했다. 본래 시민권은 로마 거주자인 자유민에게만 주어졌다. 그러나 212년 카라칼라Caracalla 황제 치세에 제국 내 모든 자유민에게 로마 시민권을 부여하는 안토니누스 칙령Constitutio Antoniniana을 공포하였고, 로마인이 아니라도 속주를 포함해 모든 자유민에게 시민권을 부여했다.

　　로마 정도 대제국이 되면 이민족 이주를 사실상 막을 수가 없다. 다음 4장에서 살펴보겠지만, 실제로 로마제국은 375년 게르만족이 대규모로 도나우강다뉴브강 국경을 넘어 로마 영내로 침입하는 사태를 용인했다.

　　어느 시대에나 '제국화'가 이루어지면 제국 안으로 몰려드는 이민의 물결을 거스를 수 없다. 제국은 본국과 식민지로 나뉜다. '제국화'와 이민자 유입은 동전의 양면처럼 떼려야 뗄 수 없는 관계다.

　　옹기종기 모여 살던 도시국가가 아귀다툼을 벌이며 경쟁하는 상태에서 시작한 지중해 세계는 이렇듯 대량의 이민자가 유입되며 대제국이 지배하는 지역으로 변모했다. 이 과정에서 고대 그리스와 고대 로마는 오리엔트인 및 페니키아인과 밀접한 관계를 유지했다.

　　유럽인은 오리엔트인과 페니키아인이 쌓은 문명을 적절하게 받아들여 로마라는 강대한 제국을 완성했다. 그 과정에서 알렉산드로스대왕의 원정은 상징적인 사건이다. 오늘날에는 세계사에서 페니키아인의 중요성이 너무 과소평가되는 경향이 있는데, 42~43쪽 '고대 그리스, 페니키아의 식민지와 페니키아인의 교역로' 지도를 보면 알 수 있듯이 페니키아인은 지중해 전역을 하나의 상업권으로 묶어 물류를 지배했다.

나중에 로마가 지중해를 '로마의 앞바다'로 삼을 수 있었던 것도 페니키아인이 닦아놓은 물류망 덕분이었다. 로마가 하나부터 열까지 네트워크를 새로이 만들려 했다면 불가능한 일이었으리라. 페니키아인 이전에는 유럽에 '항로'라는 개념이 거의 존재하지 않았기 때문이다.

로마인을 비롯해 이슬람 상인, 이탈리아 상인이 페니키아인의 유산을 물려받았다. 페니키아인은 홍해를 서쪽으로 돌아 아프리카를 일주했다. 한노Hanno라는 카르타고인은 아프리카 서안까지 항해했다고 전해진다. 유럽이 페니키아인 수준의 대규모 항해에 나서려면 15세기 신항로 개척시대까지 오랜 세월을 기다려야 했다.

그러나 세월이 흐를수록 유럽은 오리엔트와 페니키아의 존재를 잊어갔다. 그리고 훨씬 먼 옛날부터 독자적인 문명을 보유했던 양 착각하기 시작했다.

4

유목민으로
문명의 흥망을
생각하다

세계사의 주역으로서 유목민

유라시아 대륙 끝에서 살짝 벗어난 곳에 두 개의 섬나라가 있다. 서쪽으로는 영국, 동쪽으로는 일본이다. 이번 장에서는 최종적으로 고대 영국과 일본이 어떤 관계였는지 '이민'의 관점에서 설명하려 한다. 다시 말해 유라시아 대륙을 통일된 공간으로 파악하고 그 역사를 서술하려는 시도인 셈이다.

세계사의 주역을 '유목민'으로 규정하려는 시도는

일본의 몽골사 연구자인 스기야마 마사아키杉山正明 교토
대학교 명예교수가 제창해, 현재는 거의 학계 주류로 자
리 잡은 학설이다. 최근에는 유목민을 배제하고 세계사
를 생각하기 어려울 정도로 세계사에서 차지하는 유목민
의 비중이 커졌다.

    '유목민'이라고 하면 대개는 몽골제국을 가장 먼
저 떠올린다. 그러나 유목민의 역사는 그보다 훨씬 오랜
옛날로 거슬러 올라가야 한다. 기원전 3000년 무렵, 흑
해 북안에서 카스피해 북안에 걸친 지역에서 기후가 건
조해지며 활엽수림이 초원으로 변화했다. 초원은 농경보
다 목축에 적합하다. 이 기후변동으로 인한 식생의 변화
가 하나의 요인으로 작용해 유목민이 탄생했다는 가설을
세울 수 있다.

    고대 유라시아사를 전공한 하야시 도시오林俊雄
교수는 우랄산맥에서 카자흐스탄에 걸친 초원지대에서
기원전 2000년경부터 기원전 1700년경까지 이륜전차를
탄 인도·유럽어족 군단이 남방을 위협했다는 가설을 제
시했다. 그들이 말을 타고 장거리를 이동했는지는 밝혀
지지 않았다. 현실적으로 서아시아와 지중해에서 말을
타고 이동하는 문화는 대략 기원전 10세기 무렵에 등장

한 것으로 추정한다. 초원지대에서 말을 타고 다니는 경향은 이보다 약간 늦어 기원전 9세기~기원전 8세기 무렵에 시작된 것으로 본다.

기원전 9세기 중엽에는 세계적인 기후변동으로 반사막이던 지역이 초원으로 탈바꿈했다. 초원지대가 늘어나면서 유목민이 말을 타고 이동하는 문화가 만들어졌다고 추측할 수 있다. 유목민은 이동과 정착을 반복한다. 그런 의미에서는 확실한 '이민자'였다.

스키타이, 흉노, 훈족

최초의 유목민은 스키타이Scythai로 알려져 있다. 정확하게는 '기록으로 남을 만큼 규모가 컸던 유목민'이 바로 스키타이라는 표현이 더 정확하다. 스키타이는 기원전 7세기부터 기원전 3세기경까지 파미르고원 서부에서 볼가강까지 흑해 북안에 이르는 초원지대에서 활동했고, 전성기는 대략 기원전 6세기부터 기원전 4세기까지로 잡을 수 있다.

스키타이는 이란계 민족에 속하는데, 서아시아의

히타이트Hittite를 비롯한 여러 민족에게서 철기 제조 기술을 도입해 동방으로 전파했다. 스키타이의 존재는 헤로도토스가 《역사Historiae》에서 언급했다. 스키타이는 아시아 유목민으로, 캅카스산맥 북안에서 흑해 북안에 걸친 초원지대에 정착했다는 학설이 거의 정설로 인정받고 있다.

스키타이의 뒤를 이은 유목민으론 흉노匈奴를 꼽는다. 하야시 도시오 교수에 따르면, 흉노가 명확한 형태로 역사에 등장한 것은 진시황제秦始皇帝가 중국을 통일한 시대였다. 이 무렵 흉노는 부족을 통일하고 강력한 국가로 거듭났다. 흉노의 성장에 위협을 느낀 시황제는 몽염蒙恬 장군에게 명해, 오늘날 중국 네이멍구內蒙古 자치구 남부인 오르도스Ordos 지방에서 흉노 세력을 축출하고 만리장성을 쌓아 철벽 방어 태세를 갖추게 했다.

흉노는 일시적으로 쇠퇴했지만, 묵돌선우冒頓單于, 재위 기원전 209~기원전 174년 시절 더욱 강력한 국가로 부활했다. 이후 한고조漢高祖와 전쟁에서 승리한 흉노는 한나라 종실 여성을 공주천자의 딸로 삼아 아내로 맞이하고 매년 일정한 공물을 받는 굴욕적 화친조약을 강요했다. 유목민이 주요 국가에 압도적인 권력을 행사하는 현상은 중국사에서 드물지 않았다. 유목민 국가가 군사적으로 우수했기 때문이다. 그렇다고 한의 병사가 말을 탈 줄 몰랐던 것은 아니다. 다만 평상시에도 말타기에 익숙했던 유목민이 이 시대 전쟁의 주류였던 기병전에서 압도적으로 유리한 고지를 점했을 따름이다.

흉노와 한의 관계에서는 흉노가 우세했는데, 무제武帝. 재위 기원전 141~기원전 87년 시절 한나라에 유리한 형국으로 판세가 뒤집혔다. 흉노 토벌을 위해 위청衛靑, 곽거병霍去病 등의 장수를 파견했고, 수세에 몰린 흉노를 장건張騫의 군대로 협공하는 등 몇 차례에 걸친 토벌에 나섰다. 오유선우烏維單于. 재위 기원전 114~기원전 105년 시절 흉노는 한나라에 인질을 요구당할 정도로 쇠퇴했다.

서기 1세기 후한後漢 시대에, 흉노는 동서로 분열했다. 동흉노는 내몽골에 남고, 서흉노는 중앙아시아의 탈라스강 유역으로 이동했다. 동흉노는 한과 동맹을 맺고 기원전 36년 서흉노를 함락했으나, 서기 48년 남북으로 분열했다. 일설에 따르면 동흉노는 훈족Huns이 되었다고 하는데, 정확히 검증된 설은 아니다. 그러나 동흉노의 이동이 북아시아 유목민인 훈족의 이동에 영향을 주었다는 부분은 확실한 역사적 사실이다.

초원지대 유목민의 이동 범위는 매우 넓다. 때론 오늘날 유럽까지 이동하기도 했다. 유목민의 이동은 유라시아 대륙 동서, 즉 아시아와 유럽에 동시에 큰 영향을 주었다.

'게르만민족의 대이동'은 왜 일어났을까?

누구나 한 번쯤 세계사에서 들어보았을 '게르만민족의 대이동'이라는 사건의 중심에는 고트족Goths이 있었다. 고트족은 본래 발트해 남부에 살다가, 남하하여 흑해 연안부까지 이주하는 과정에서 동고트족과 서고트족으로 갈라졌다.

이 중 동고트족은 흑해 연안부에 먼저 살고 있었던 유목민 스키타이를 무찔렀는데, 당시에는 언젠가 다른 유목민의 지배를 받게 되리라고는 생각지 못했으리라. 다른 유목민이란 바로 훈족을 말한다. 동고트족은 동흉노의 이동으로 인해 서방으로 밀려난 훈족에게 지배당했다. 375년 이에 위협을 느낀 서고트족이 도나우강을 건너 로마제국 영내로 침입한 사건을 계기로 게르만민족의 대이동이 시작되었다.

　게르만민족 대이동의 직접적인 계기가 된 훈족의 제국은 중앙아시아 스텝부터 현재의 독일에 걸쳐 있던 대제국으로, 아틸라Attila 시절에 전성기를 맞이했다가 그의 사망으로 급속히 쇠퇴하며 붕괴했다. 훈족 제국은 국가라고는 해도 국가기구가 제대로 갖추어지지 않은 채 개인의 강력한 지도력으로 성립했기에, 지도자가 사라지자 허무하게 무너진 것이었다.

　한편 게르만민족의 이동으로 서고트족은 이베리

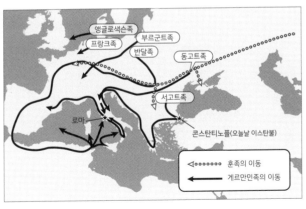

훈족과 게르만민족의 이동

아반도, 동고트족은 이탈리아, 부르군트족은 남서 프랑스, 프랑크족은 북서 프랑스, 앵글로색슨족은 브리튼섬에 국가를 세운다. 반달족은 이베리아반도에서 북아프리카로 들어가 옛 카르타고 땅에 나라를 세웠다.

이쯤에서 유라시아 대륙에서 약간 벗어난 브리튼섬에 앵글로색슨족이 국가를 세웠다는 대목을 짚고 넘어가자.

브리튼섬은 기원전 55년 율리우스 카이사르Julius Caesar의 침공 이후 로마가 지배했는데, 민족대이동으로 로마제국의 세력이 약해지자 로마는 브리튼에서 군대를 철수했다. 앵글로색슨족은 그 기회를 놓치지 않고 선주민인 브리튼인을 정복했다. 영국이 앵글로색슨족의 나라라는 말은 이러한 역사적 사실에서 비롯되었다. 요컨대 유목민의 이동이 영국이라는 나라의 시작인 셈이다. 훈족 없이는 영국도 없다고 해도 지나친 말이 아니다.

유라시아 대륙을 지배한 몽골제국

시대가 약간 다르지만, 유목민이 세계사에 큰 발

자취를 남긴 사례를 이야기할 때 몽골제국을 빼놓으면 섭섭할 정도로 유목민의 역사에서 몽골이 차지하는 비중은 크다. 몽골제국은 1206년 칭기즈칸Chingiz Khan, 재위 1206~1227년이 건국한 이후 급속하게 세력을 확대해 유라시아 대륙 중앙부에 자리한 대제국으로 성장했다.

몽골제국은 수많은 전쟁을 치렀는데, 유럽과 아시아를 아우르는 규모의 방대한 영토를 보유하면서 상황이 크게 달라졌다. 칭기즈칸의 손자 쿠빌라이Khubilai가 1267년부터 26년 동안 대도大都 즉 베이징北京을 수도로 정하고 1271년에 국호를 원元으로 변경했다.

쿠빌라이 칸

천도와 국호 변경 전인 1266년에는 쿠빌라이의 즉위에 반대하던 오고타이한국몽골제국의 네 개 한국汗國 중 하나로, 칭기즈칸의 아들 오고타이Ogotai가 세운 나라 - 옮긴이의 카이두Kaidu가 불만을 품은 이들을 규합해 카이두의 난을 일으켰다. 이 반란은 1301년까지 이어졌으며, 카이두가 이끄는 대군이 패배하고, 이후 카이두가 사망하고 나서야 끝났다.

이 난을 수습하고 얻은 안정기를 로마의 황금시대를 일컫는 '팍스 로마나Pax Romana'에 빗대어 '팍스 타타리카Pax Tatarica' 또는 '팍스 몽골리카Pax Mongolica'라 부른다. 원의 지배로 유라시아 대륙의 상당 부분이 안정기에 접어들었으며, 동서 교류가 활발해지고, 상업이 발달했다. 동서 무역은 색목인色目人이라 불렸던 서방 출신 상인이 주도했고, 광저우廣州와 취안저우泉州에서는 이슬람 상인이 남아시아와 인도양 방면의 남해 무역에 종사했다.

본래 경제성장을 목표로 하는 국가는 도로를 비롯한 교통망을 정비할 필요가 있다. 경제에서 말하는 공공재에 속하는 자원으로, 모든 사람이 이익을 얻을 수 있는 기반시설이다. 그러나 사회기반시설을 통해 얻을 수 있는 이익은 직접적이지 않기에 공공재 제공은 사기업이 아닌 정부가 주도한다. 몽골제국은 매우 효율적으로 사회기반시설을 확충했고, 통상로의 안전을 중시해 정비와 치안 확보에도 힘썼다.

　　몽골제국은 역참제驛站制라는 획기적인 시스템을 도입했는데, 몽골어로는 잠치jamchi라고 불렀다. 쿠빌라이 시절의 역참제에 대해 잠시 살펴보자. 수도 대도를 중심으로 주요 도로를 따라 10리마다 역참驛站을 설치했다. 역참에는 100호의 참호站戶가 속하고, 관의 명령에 따라 여행하는 관리와 사절 등에게 말과 식량을 제공했다. 참호는 필요한 물자를 제공할 뿐 아니라 시중을 드는 등 노동력을 제공할 의무도 있었다. 그 대신 부역의 일종인 차역差役과 토지세인 지조地租 일부를 면제받았는데, 말도 제공해야 했기에 경제적 부담이 컸다.

　　이와 같은 역참제는 대도를 중심으로 유라시아 전역에서 정비되었다. 제국 내의 교통이 안정되고 편리해지자 이슬람 상인이 대상隊商, caravan을 이루어 오가는 육로 무역이 활발해졌다. 마르코 폴로Marco Polo도 역참제가 발달한 덕분에 대도까지 찾아올 수 있었다.

　　역참제는 20세기에 시베리아철도가 개통하기 이

전까지 유라시아에서 가장 빠른 정보 전달 시스템이었다. 몽골제국의 지배자들이 상업 활동과 정보 전달의 중요성을 얼마나 중요하게 인식했는지 알 수 있게 해주는 제도다.

흑사병 유행의 원인은 몽골제국?

동서 교류 활성화는 긍정적인 기능만 한 게 아니다. 활발한 동서 교류는 크나큰 비극을 초래했는데, 바로 유럽의 흑사병黑死病 유행이다. 14세기 중반 무렵, 유럽에서는 흑사병으로 알려진 전염병이 창궐해 인구의 3분의 1이 사라졌다. 사료에 따라서는 3분의 2가 사망했다는 주장도 있다.

'흑사병'은 이 병에 걸리면 사경을 헤매다 온몸에 시꺼먼 반점이 나타나 사망한다고 해서 붙은 이름이다. 이 무시무시한 병의 정체는 페스트pest였다. 페스트는 설치류가 보균 숙주인 감염병으로, 균의 매개체가 되는 벼룩이 사람을 물어 전염된다.

이 흑사병은 중앙아시아에서 퍼졌다고 추정된다.

1347년 흑사병은 콘스탄티노플에서 지중해 각지로 번져 프랑스 마르세유와 이탈리아 베네치아에 상륙했다. 1348년에는 아비뇽, 피렌체, 런던으로 퍼져 나갔고, 이듬해에는 북유럽에서 폴란드로, 1351년에는 러시아까지 도달했다.

흑사병은 현대의 그 어떤 전염병보다 빠른 속도로 유럽을 휩쓸었다. 흑사병 창궐의 원인으로는 다양한 기설이 제기되고 있는데, 그중에서도 특히 몽골제국의 교역 네트워크로 유럽과 중앙아시아가 밀접하게 이어지면서 병을 퍼뜨리는 속도가 빨라지고 규모가 커진 측면이 있다는 주장이 흥미롭다. 몽골제국이 '팍스 몽골리카' 즉 몽골의 평화를 실현하지 않았더라면 유라시아 대륙의 교역 네트워크는 확장되지 않았을 것이며, 유럽까지 흑사병이 퍼지지 않았을 수도 있다.

유목민은 통상적으로 유라시아 대륙의 거의 중앙에 자리 잡은 지역에서 산다. 적어도 서쪽이나 동쪽으로 치우친 지역에는 살지 않는다. 그런데 일단 이동하기 시작하면 엄청난 파급력을 발휘한다고 역사는 말해준다.

흉노는 훈족과 같은 민족일 수도 있다. 어쨌든 훈족의 이동은 유럽 전역에서 게르만민족의 이동을 촉발했다. 로마제국은 테오도시우스 1세가 사망한 395년에 콘스탄티노플을 수도로 삼은 동로마제국과 메디올라눔 Mediolanum. 오늘날 밀라노을 수도로 삼은 서로마제국으로 분열했는데, 게르만민족의 대이동은 서로마제국의 멸망을 초래했고, 앵글로색슨족이 국가를 성립하는 계기도 되었다. 동아시아에서는 중국을 대혼란에 빠뜨린 원인이었다. 또 시대가 흘러 전염병 창궐이라는 형태로 다시 유럽에 엄청난 영향을 미쳤다.

　　이들을 별개의 역사적 사건으로 규정할 수도 있을 것이다. 그러나 유목민을 주역으로, 유라시아 대륙을 한 공간으로 파악하면 모든 사건이 하나로 이어진다. 이번 장 첫머리에 '유목민을 빼고는 세계사를 논할 수 없다'고 말한 것은 이처럼 유목민이라는 '이민자'가 세계사를 움직였기 때문이다.

II

세계의 '교역'은
어떻게 이어졌을까?

5

유럽을
포위한
이슬람 상인

떠오르는 이슬람

476년 서로마제국 붕괴로 잃어버린, 유럽인이 장악했던 고대 지중해 제해권을 비잔틴제국_{동로마제국}의 황제 유스티니아누스 1세가 되찾았다. 유스티니아누스 1세는 유럽과 아프리카 서쪽 지역을 재정복하고, 로마제국을 부흥의 길로 이끌었다. 그러나 7세기에 들어서면 통일을 위협하는 세력이 나타난다. 바로 이슬람 세력이었다.

이슬람교의 창시자 무함마드마호메트는 570년 무렵 아라비아반도 서안에 자리한 메카Mecca, Makkah의 쿠라이시족 거상이었던 하심Hashim 가문에서 태어났다. 그는 마흔 살 무렵부터 신의 목소리를 듣기 시작하면서 신의 말씀을 듣고 전하는 '마지막 예언자'로 자처했다. 그리고 메카 사람들에게 알라를 유일신으로 숭배하고 신의 은총에 감사하며 선행을 베풀 의무가 있다고 설파했다.

그러나 전통적으로 다신교가 우세했던 메카에서 무함마드의 가르침은 받아들여지지 않았고, 도리어 그를 따르는 신자들이 박해를 받았다. 무함마드는 메카 포교를 단념하고 622년 자신을 지지하는 이들이 사는 메디나Medina로 '성스러운 이주hegira, hijrah'를 단행해 이슬람교를 성립하였다.

무함마드의 가르침은 삽시간에 퍼져 나갔다. 632년 무함마드가 세상을 떠나고 난 후로도 이슬람 열풍은 가라앉지 않았고, 이슬람 세력은 신흥 강자로 급부상했다. 세계사에서 7세기란 이슬람의 세기라고 말해도 과언이 아닐 만큼 엄청난 교세 확장이었다.

정통 칼리프 시대에서 우마이야왕조로

'정통 칼리프 시대'는 무함마드의 후계자들이 이슬람교 최고지도자 칼리프caliph 지위에 있던 632~661년이고, '우마이야왕조 시대'는 우마이야Umayya 왕가가 대대로 칼리프를 세습한 661~750년이다. 80쪽의 지도를 보면 그 두 시대에 걸친 이슬람의 영토 확장 과정을 알 수 있다.

이슬람 세력이 급속히 확장하자 그리스인과 페니키아인, 로마인이 완성해 유럽인이 움켜쥐고 있던 지중해 제해권은 유럽인의 손에서 스르르 빠져나갔다. 서아시아와 아프리카, 유럽까지 아랍인이 자꾸자꾸 이주했기 때문이다. 이 시대 이슬람 세력의 확장은 아랍인의 이주 확대를 의미한다. 그리고 아랍인은 이들 지역을 지배하며 '팍스 이슬라미카Pax Islamica' 즉 '이슬람 세계의 평화'를 실현했다.

정통 칼리프 시대에는 무함마드 시대와 달리 부족적 결속력을 부정하고 인간의 평등을 주장하며 급속히 세력을 확장했다. 이슬람의 가르침은 널리 받아들여졌고 이슬람 세력은 급속히 발전했다. 그러나 그 평등은 어디

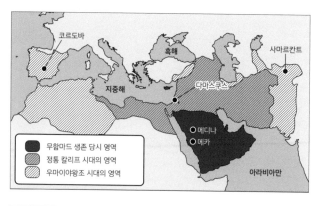

무함마드 생존 당시 영역
정통 칼리프 시대의 영역
우마이야왕조 시대의 영역

코르도바 · 흑해 · 사마르칸트 · 지중해 · 다마스쿠스 · 메디나 · 메카 · 아라비아만

아바스왕조의 영토
850년까지 이탈

지중해 · 아라비아만

이슬람의 영토 확장

까지나 아랍인에게만 한정되었다. 우마이야왕조 시대에는 이슬람교로 개종한 사람이라도 아랍인이 아니면 '지즈야jizyah' 즉 인두세人頭稅와 '하라즈kjharāj' 곧 토지세를 내야 하는 차별이 공공연히 이루어졌다.

　이슬람교의 경전인 《쿠란》이 모든 이슬람교도는 평등하다고 규정하고 있는 만큼, 우마이야왕조의 불평등한 지배에 불만이 높아진 것도 당연했다.

'아바스 혁명'이라는 전환점

　'아바스 혁명'이 이러한 상황을 크게 바꿔놓았다. 750년 무함마드의 숙부뻘인 아바스Abbās의 자손이 우마이야왕조를 타도하고 아바스왕조750~1258년를 세운 사건이 아바스 혁명이다. 아바스왕조에 들어서 이슬람은 이전 시대보다 더 교세를 확장했다. 아바스왕조가 아랍인의 특권을 부정하고, 이슬람교도라면 아랍인이 아니라도 지즈야를 낼 필요가 없다고 법을 바꾸었기 때문이다.

　정통 칼리프 시대와 우마이야왕조가 어디까지나 '아랍인'의 이슬람 왕조였던 데 비해, 아바스왕조는 아랍인의 왕조에서 이슬람 왕조로 탈바꿈했다. 그래서 역사가들은 이 사건을 '혁명'이라 일컫는다. 아바스 혁명으로 이슬람은 아랍인의 종교에서 민족과 무관한 세계종교로 거듭났고, 이슬람의 지속적인 영토 확장으로 수많은 현지인이 이슬람교로 개종했다. 영토 확장과 더불어 이슬람교가 세계종교로 성장하자, 이슬람교도들은 유럽에서부터 중앙아시아에 이르는 거대 상업 네트워크를 완성할 수 있었다.

이슬람 상업사를 연구하는 야지마 히코이치家島彦一 교수에 따르면, 아바스왕조 시대에는 페르시아만을 통해 드넓은 인도양 둘레와 도서부로 이어지는 해상 운송과 무역 활동이 활발히 이루어졌다고 한다. 이 네트워크 안에서는 이슬람교를 비롯하여 기독교, 유대교, 조로아스터교 등의 온갖 종교와 종파 집단이 협동해 동아프리카, 남인도, 동남아시아 방면으로 진출했다. 서로 다른 문화의 상인이 힘을 합치는 광대한 네트워크를 '이문화 간 교역권'이라 부른다.

아바스왕조 시대의 이슬람 세계는 서아시아의 여러 도시를 중심으로 하여 서쪽으로는 대서양 연안의 이베리아반도, 모로코, 지중해 연안, 그리고 동쪽으로는 중앙아시아, 이란, 인더스강 유역, 구자라트Gujarat 등의 여러 지방을 연결하는 거대한 네트워크를 형성했다. 8세기 중반부터 10세기 중반에 이르는 약 200년은 그 중심에 자리한 바그다드Baghdad가 이슬람 세계의 문화적 상징이자 부의 원천으로서 주변 지역에 강한 영향력을 행사하는 과정이었다.

야지마 교수의 주장에 따르면, 이 시기의 인도양 해역 세계는 바그다드와 직접 연결되어 열대와 아열대 지역에서 산출된 다양한 상품향신료, 각종 약물, 금, 납, 아연, 보석류, 쌀, 콩류, 열대 과일, 동물 가죽, 상아, 가축, 섬유 원료을 대량 제공하고, 그 대가로 서아시아와 지중해 연안의 여러 도시에서 생산되고 거래된 의복과 카펫으로 대표되는 각종 깔개, 금속 제품, 도기, 유리 용기, 장신구, 금은 화폐, 무기류, 다른 지역에서 온 중계무역 물품 등을 획득했다. 바그다드에 거점을 둔 상인이 이 상품들을 운송했고, 인도양과 지중해까지 이동해 상업 활동을 펼쳤다.

아바스왕조가 경제적으로 유럽보다 우세했기에 지중해 상업 네트워크는 이슬람 세력에 편입되었고, 그 네트워크 안에서 기독교도와 이슬람교도라는 두 종교의 상인이 협력해 상업에 종사했다. 즉 이 시대 유럽은 바그다드를 중심으로 한 네트워크의 일부를 형성했다고 생각해야 한다. 유럽은 세상의 중심이 아니라 서로 다른 문화가 만나는 광대한 교역권의 일부에 불과했다.

'상업의 부활'은 커다란 착각

벨기에의 저명한 역사학자 앙리 피렌Henri Pirenne은 '상업의 부활'이라는 개념을 거론하며 다음과 같은 견해를 밝혔다.

이슬람 세력은 11~12세기부터 서서히 지중해에서 물러나고, 북해와 발트해에서도 바이킹의 약탈이에 대해서는 6장에서 설명이 종말을 맞이하며 유럽에 평화가 찾아왔다. 그러자 북이탈리아 베네치아와 제노바 등지의 상인이 주도한 동방무역레반트무역이 활발해졌고, 향신료 등의 이국적인 상품이 이탈리아 상인의 손에 들려 유럽으로 들어왔다.

이 북이탈리아 상인들이 플랑드르Flandre를 중심으로 한 북유럽 여러 도시와 교역을 개시했기에 내륙 교통로가 발전했고, 프랑스 북부 샹파뉴Champagne에서도 큰

앙리 피렌

시장이 열리는 등 내륙 화폐경제가 활성화되었다. 도시의 인구가 증가하고 유럽 상업이 부활했다.

앙리 피렌은 유럽사에서 이슬람 세력을 악의 무리처럼 규정했다. 또 유럽 경제의 크기를 과대평가했다.

'상업의 부활'이란, 유럽 측에서 보면 서유럽 내부의 상업 활동이 활발해지며 발생한 현상이다. 다만 앞에서 살펴보았듯, 현실에서는 유럽은 이슬람 상업권에 큰 영향을 받았고 그 일부를 형성한 수준에 불과했다. 세계사에서 보면 '상업의 부활'이란 아바스왕조의 상업 네트워크 안에서 서유럽 경제가 발전한 사실을 의미한다. 즉 앙리 피렌은 유럽이 아바스왕조에 둘러싸인 비교적 작은 상업 공간이었음을 깨닫지 못했던 셈이다.

전 세계로 이주한 이슬람 상인

이탈리아가 그 이전부터 레반트Levant 즉 지중해 동안東岸 경로로 향신료 무역에 종사하여 막대한 이익을 벌어들였다는 반론이 있을 수 있다. 남아시아의 말루쿠 제도Kepulauan Maluku 즉 몰루카제도Moluccas Islands에서 산출되는 향신료는 총량까지는 확실히 가늠할 수 없으나, 이미 고대 로마 시대에 이집트 알렉산드리아를 거쳐 지중해로 운송되었다. 11세기에 들어서도 여전히 이 경로를 이용해 인도양에서 홍해를 거쳐 알렉산드리아로 향신료를 보냈고, 알렉산드리아에서 다시 이탈리아로 운송했다. 이탈리아 상인은 향신료 무역으로 짭짤한 수익을 챙겼다. 그러나 이에 관해서는 이탈리아 상인의 운송 경로가 알렉산드리아에서 이탈리아라는 지중해로 한정되어 있다는 사실에 주목해야 한다.

일반적으로 유럽에서 수입한 향신료의 양은 전체 향신료 생산의 30퍼센트 정도라고 추측한다. 이 양을 많다고 볼지 적다고 볼지는 애매하나, 어쨌든 아시아 수입에 의존했다는 것은 사실이다. 수입의 상당 부분은 아시아 상인, 그중에서도 이슬람 상인의 몫이었다.

이 시대 향신료의 생산지는 상당히 좁은 범위에 몰려 있었다. 후추는 인도 동안의 말라바르Malabar 해안과 동남아시아의 수마트라Sumatra 등 비교적 광범위한 지역에서 생산되었다. 그러나 육두구肉荳蔲, nutmeg는 말루쿠제도의 반다제도Kepulauan Banda에서만 산출되었고, 정향丁香, clove은 말루쿠제도의 테르나테Ternate와 티도레Tidore 등 다섯 개 섬에서만 나왔다.

이들 향신료를 인도로 보낸 뒤 88쪽 지도처럼 페르시아만을 거쳐 알렉산드리아에서 이탈리아로 운송했다. 이 지도를 보면 모든 경로 안에서 이탈리아가 독자적으로 담당한 부분이 적다는 사실을 알 수 있다. 이탈리아 상인의 손을 거치지 않은 부분이 더 많았고, 그 외의 부분은 온전히 이슬람 상인의 몫이었다고 추측할 수 있다.

이슬람 상인은 세계 곳곳으로 이주했다. 인도양에 면한 여러 도시와 동남아시아, 나아가 아프리카에까지

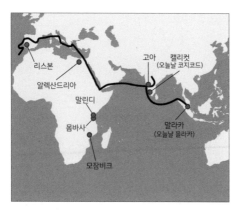

향신료 무역 경로

삶의 터전을 마련했다. 같은 시대 유럽의 기독교도와 비
교해 보면 이슬람 상인의 이동 범위가 훨씬 방대했다는
것을 알게 된다.

    이슬람 상인이 쌓은 상업 네트워크가 유럽을 에워
쌌다는 사실은 중요하다. 이처럼 '이슬람 포위망'에서 벗
어나려면 아프리카 서안을 빙 둘러서 돌아가는 길밖에
방법이 없었다. 이슬람 상인의 영역에서 벗어나기 위해
마침내 신항로 개척시대가 도래하는데, 이 내용은 7장에
서 자세히 살펴보기로 하자.

6

상업
민족으로
활약한 바이킹

누가 북해를 통일했나

유럽 남쪽은 지중해에, 북쪽은 북해와 발트해에 둘러싸여 있다. 지금까지 지중해의 상업 변천에 관해 자세히 살펴보았는데, 이번에는 북해와 발트해의 상업에서 중요한 역할을 담당했던 바이킹Viking에 대해 알아볼 차례다.

바이킹은 일반적으로 '약탈자'로 알려져 있다. 그러나 현재 학계에서는 연구를 통해 바이킹이 단순한 약탈

자가 아니라, 넓은 의미에서 교역에 종사했던 집단임을
밝혀냈다.

원래 약탈과 교역은 엄밀하게 구별하기가 어렵고,
중세에는 두 행위의 구별이 불가능했다. 게다가 최근 바
이킹이 건설한 도시 수준의 유적이 스칸디나비아반도뿐
아니라 더 넓은 지역에서 발굴되며, 그들이 다양한 장소
를 거점으로 교역에 종사했다는 사실도 확실히 밝혀졌다.

구체적인 사례를 살펴보자. 스웨덴의 수도 스톡
홀름Stockholm에서 서쪽으로 약 30킬로미터 떨어진 곳에
자리한 섬 비외르쾨Björkö에 비르카Birka라는 마을이 있
었는데, 비르카는 바이킹의 교역 거점으로 알려졌다. 그
밖에도 덴마크의 이윌란반도Jylland Halvø. 유틀란트반도 시
작점에 있는 헤데뷔Hedeby, 영국의 요크York, 아일랜드
의 더블린Dublin, 프랑스의 루앙Rouen 등이 도시 수준으
로 발전한 바이킹 집단 주거지로 알려졌다. 이 지역들이
바이킹의 교역 거점이었다는 것도 고고학적 발굴 조사로
확인되었다.

이처럼 바이킹의 교역망은 매우 넓었다. 그런 의
미에서 나는 바이킹을 '북쪽의 페니키아인'이라 부르고
싶다. 바이킹은 북해와 발트해를 아우르는 주변 지역을

하나의 교역권으로 통일했고, 나중에 살펴보겠지만 신세계로도 진출했다.

바이킹 시대의 스칸디나비아 사회는 이처럼 도시를 거점으로 높은 경제적·사회적 유동성을 보유했다. 이 사실을 간과하고 바이킹을 약탈자로만 인식한 까닭은 역사가가 바이킹에게 영토를 빼앗긴 이들의 사료를 활용해 해석했기 때문이다.

13세기 아이슬란드에서 집필된《에길의 사가Egils saga》는 바이킹이자 아이슬란드의 농장주이며 조부가 노르웨이 농부였던 에길 스칼라그림손Egill Skallagrímsson의 생애를 그린 작품이다. 이 작품에서 바이킹은 '때로는 교역자, 때로는 약탈자'로 그려졌다. 오로지 약탈에만 의존해서는 일정 규모 이상의 사회를 유지할 수 없다. 바이킹은 때로는 약탈에 나섰으나, 기본적으로는 교역으로 생활을 꾸려 나갔다.

이번 장은 바이킹이 북유럽 여러 지역에 어떻게 이주하고 상업에 종사했으며, 유럽 세계 확대에 어떻게 이바지했는지 살펴보려 한다.

확대하는 바이킹의 상업권

앞서 5장에서 설명한 대로 이슬람 세력은 7세기부터 급속히 세력을 확대해 762년에는 바그다드를 아바스왕조의 새로운 수도로 천명하고, 이슬람의 장거리 무역 네트워크를 완성했다.

바이킹은 바로 이 시대에 중개자로 나서 북유럽을 중심으로 활약했다고 추정할 수 있다. 즉 발트해에서 볼가강을 거쳐 흑해 및 카스피해와 동방으로 이동하며 모피와 노예를 운송하고, 강을 따라 여러 시장에서 판매하는 대가로 근동과 중앙아시아에서 온 향신료와 비단, 무기, 갑골, 은화를 챙겨 북해와 발트해 연안으로 들여갔다. 아바스왕조보다 더 동쪽 변방에 자리 잡은 사만왕조Sāmān도 바이킹과 거래했다. 이처럼 지중해뿐 아니라 북유럽에서도 이슬람 네트워크의 주도로 서로 다른 문화 사이의 교역이 활발해졌고, 바이킹은 이 네트워크 안에서 북해와 발트해 상업권을 이동하는 상인으로 지위를 굳혀 나갔다.

바이킹은 어떤 면에서 앞의 4장에서 다룬 몽골제국 사람들과 닮은꼴이다. 몽골제국이 전쟁만 일삼던 나라가 아니었듯, 바이킹도 절대 약탈에만 종사하지 않았다. 이 시대의 약탈과 상행위는 명확히 구별하기 어렵다. 또 약탈자로 두려움의 대상이 되었던 바이킹의 이미지는 전쟁에서 패배한 측의 사료에서 비롯된 것이다.

몽골인은 육로로, 바이킹은 해로로 주로 이동했다는 차이는 있으나, 둘 다 상업 활동에 적극적으로 종사한 '이민자'였다는 데 공통점이 있다.

잉글랜드를 정복한 노르만인

노르만인Normans은 다른 바이킹과 동일 계열로 간주될 때도 있기 때문에 명확하게 분리해서 파악하기 곤란한 측면도 있다. 그러나 이들 역시 여러 지역에 침략하며 존재감을 드러냈다.

노르만인의 역사에서는 1066년 잉글랜드를 정복하고 노르만왕조를 세우며 '정복왕 윌리엄William the Conqueror'이라는 별칭으로 잘 알려진 노르망디 공작 기욤 2세잉글랜드의 윌리엄 1세가 유명하다. 이 일련의 정복을 '노르만인의 잉글랜드 정복'이라 부른다.

약탈과 교역이 떼려야 뗄 수 없는 관계라면 노르

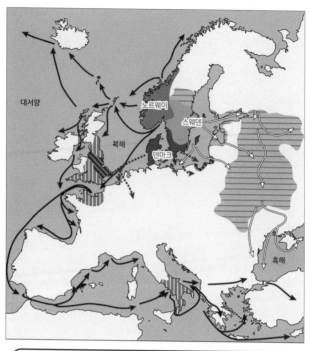

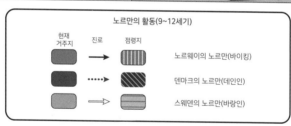

만인의 정복은 교역 활동 확장을 의미할 것이다. 왼쪽의 지도는 '노르만인의 정복지와 이동 경로'를 나타낸다. 이 지도로 노르만인은 주로 해로를, 때로는 육로를 이용해 유럽 몇몇 지역으로 이동했음을 이해할 수 있다.

노르만인은 북방의 바다에서 바닷길을 이용해 지중해로 침입했다. 이 경로는 훗날 북유럽 각국이 지중해로 진출하고 해운업에 집중할 때 이용한 경로와 일치한다. 따라서 노르만인이 후대 영국과 네덜란드, 스웨덴이 지중해로 진출하는 경로를 개척했다고 볼 수 있다. 노르만인이 지중해에 구축한 '양兩 시칠리아왕국이탈리아 통일 전까지 이탈리아 남부와 시칠리아에 있던 왕국이다. 수도는 나폴리와 팔레르모 두 곳 – 옮긴이'이 특히 유명하다.

북해제국을 건설한 덴마크인

그 밖의 바이킹으로는 9세기부터 잉글랜드를 침공하고 동부 지역에 정착한 데인인Danes을 꼽을 수 있다. 데인인의 거주지는 데인로Danelaw라 불렸다.

한때 잉글랜드인이 브리튼섬을 통일했으나, 덴마

크와 노르웨이의 국왕이었던 데인인 스벤 1세가 재침공
해 1013년 잉글랜드 국왕이 되었다. 스벤 1세의 뒤를 이
은 아들 크누트 1세는 선왕에게 물려받은 왕국을 광대한
북해제국으로 발전시키는 데 성공했다.

그러나 크누트 1세 사후 왕국은 순식간에 무너졌
다. 데인왕조의 통치가 매우 속인적이었고, 크누트 개인
의 능력에 의존하는 경향이 컸을뿐더러, 법 제도 등도 충
분히 정비하지 않았기 때문이다. 노르만인과 데인인 모
두 개인적 관계를 중시했기 때문에 속인적 국가를 형성
하는 경우가 많았다. 그래서 국왕이 서거하면 국가 그 자
체가 붕괴하기 쉬운 위기를 몇 번이고 겪어야 했다.

'잉글랜드'라고 하면 '앵글로색슨의 나라'라는 선
입견이 있다. 그러나 잉글랜드 역사에서 바이킹, 즉 노르
만인을 배제할 수 없다. 바이킹인 크누트 1세와 노르망
디 공작 기욤월리엄을 비롯해 대륙에서 지배하던 국왕의
존재를 부정할 수 없다.

'바이킹'이라고 하면 일반적으로 '덴마크의 바이
킹'을 떠올리는데, 스웨덴의 바이킹 바랑인Varangian의 존
재도 잊어서는 안 된다. 덴마크의 바이킹이 서쪽으로 향
했다면, 스웨덴의 바이킹은 동쪽으로 향했다. 9세기 후

반에는 러시아의 노브고로드공국Novgorod을 정복하고 영국부터 동유럽에 이르는 광대한 지역에서 교역에 종사했다. 이번 장에서는 더 깊게 들어가지는 않고, 바이킹 역시 유럽의 상업 네트워크를 크게 발전시킨 '이민자'였다는 부분에 집중한다.

바이킹 활약을 뒷받침한 랑스킵

바이킹의 활동 영역을 다시 살펴보면 얼마나 광대한 지역을 이동했는지 알 수 있다. 북해와 발트해를 중심으로 지중해, 흑해, 카스피해까지 걸쳐 있다.

바이킹이 사용한 배는 랑스킵langskip, longship이라 불렸는데, 흘수吃水, 배가 물 위에 떠 있을 때 물에 잠겨 있는 부분의 깊이 - 옮긴이가 얕고 앞뒤로 길쭉한 모양이다. 이 배에는 노가 붙어 있었는데, 시대가 흐르면서 돛도 달았다.

이러한 유형의 배는 발트해 무역 연구 전문가인 데이비드 커비David Kirby와 멜루자 리자 - 힌카넨Merja-Liisa Hinkkanen의 저서 《발트해와 북해The Baltic and North Seas》에 구체적으로 묘사되고 있다.

'단단하게 못질한' 고대 스칸디나비아인의 랑스킵은 수많은 해안 거주자들의 마음에 두려움을 새겨놓았다. 그러나 크게 휜 활 모양 상선이 육지로 상륙하는 자태는 아이슬란드 시인에게 영감을 불러일으켰고, 시인들은 '가슴이 풍만한 여성'처럼 아름다운 크나르선knarr을 찬미하기에 이르렀다. 고대 스칸디나비아 음유시인 scaldic, skaldic의 노래는 길고 늘씬하며 유연한 전투선을 묘사했는데, 13세기 '사가saga'에서는 훨씬 더 큰 배가 전투선을 대체했다. 1000년경 올라프 트뤼그바손Olaf Tryggvason 즉 올라프 1세가 스볼데르전투에서 죽음의 다이빙을 선보인 '긴 뱀ormrinn langi'호와 1262~1263년 베르겐에서 건조한 노르웨이 국왕 호콘 4세 호콘손 Håkonsson의 '크리스트수딘Kristsudin' 등의 배는 길이가 25미터 이상으로 알려져 있다. 1000~1300년 사이에 덴마크와 노르웨이 국왕들이 동원한 랑스킵의 평균 규모는 20~25뤼미rymy. 선체의 한 구획을 이룬다. 인접한 선박 골조와 이들을 에워싼 들보로 구획 경계를 구분한다이며, 한 척당 60~100명의 선원을 태울 수 있었다고 추정한다. 1262년 노르웨이 왕 호콘 4세가 스코틀랜드 정벌을 위해 대규모 군사를 동원했을 때 최소 120척으로 구성

랑스킵(오슬로 바이킹 배 박물관)

된 함대가 바로 랑스킵이었다.

흘수가 얕으면 강을 따라 이동할 때 편리하다. 이 정도 대형 선박이라면 승조원 수도 많다. 대규모 승조원이 전사로 변신하면 전쟁에서 상당한 확률로 승리할 수 있었으리라. 바이킹이라는 이름이 유럽인에게 공포의 대상이 되었던 배경에는 이 배의 존재가 있었다고 추정할 수 있다.

'상업의 부활'과 바이킹

이쯤에서 다시 한 번 앞의 5장에서 설명한 벨기에 역사가 앙리 피렌의 '상업의 부활'을 살펴보자.

피렌에 따르면, 유럽은 7세기 이후 이슬람 세력의 지중해 진출로 상업 활동이 크게 쇠퇴했고 농업 중심의 사회로 변모했다. 그리고 원거리 무역이 거의 자취를 감추었다. 그러나 11~12세기에 들어서면 지중해에서 이슬람 세력이 서서히 물러난다. 북해와 발트해에서 바이킹의 약탈 활동도 주춤해진다. 이윽고 유럽 주변 바다에 평화가 찾아왔다.

5장에서 피렌이 이슬람 세력의 역할을 오판했다고 지적했는데, 마찬가지로 바이킹의 역할도 과소평가했다. 피렌이 살던 시대에는 바이킹이 단순한 약탈자 이미지밖에 없었을 수도 있겠지만, 오늘날에는 영국에서 러시아에 이르는 거대한 상업 네트워크를 보유한 상인으로 활약했다는 견해가 학계에서 주류를 이루고 있다. 시대적 제약을 고려하더라도 이 정도로 거대한 상업 네트워크의 존재를 피렌이 몰랐다는 사실은 '상업의 부활'이라는 개념의 전제조건이 애초에 잘못되었다는 뜻이다.

지중해의 상업은 부활한 게 아니라 일정 수준에서 유지되었고, 북해와 발트해를 포함한 상업권에서는 오히려 바이킹이 주도한 상업 활동이 활발해지며 상업 경로를 새로 개척하기 시작했다. 바이킹은 글자 그대로 유럽, 특히 북유럽을 중심으로 이동하고 정착했다. 그리고 북유럽 곳곳에서 교역 활동에 매진했다. 바이킹이야말로 북유럽 상업 네트워크를 구축한 '이민자'였다.

만약 바이킹이 없었더라면 유럽 상업권의 운명은 크게 달라졌으리라. 피렌은 바이킹의 존재를 상업적으로 부정적이었다고 평가했으나, 나는 긍정적인 면을 강조하고 싶다.

가령 11~12세기에 접어들면 북유럽에서는 동맹이 존재감을 드러내기 시작한다. 동맹이란 북해와 발트해 연안의 독일 도시 뤼베크Lübeck, 함부르크Hamburg, 브레멘Bremen, 로스토크Rostock 등을 중심으로 결성된 '상인과 도시 상업 연합'을 일컫는다.

그들은 선수에서 선미에 걸쳐 성곽 같은 상부구조로 덮은 튼튼한 배, 코그선cog을 이용했다. 바이킹의 랑스킵보다 견고하고 높은 코그선은 전투에서 압도적으로 유리했다. 코그선을 거느린 한자동맹 상인은 바이킹이 개척한 경로를 상거래에 활용했다. 그런 의미에서 한자동맹이 활약한 길은 곧 바이킹이 개척한 길이라고 말해도 틀린 설명이 아니다.

이 한자동맹의 후계자가 네덜란드 상인이다. 발트해 무역을 중심으로 교역망을 발전시킨 네덜란드인은 아시아와 신세계로도 진출했다. 유럽의 확대는 지중해뿐 아니라 발트해와 북해라는 유럽의 북쪽 바다에서 출발했다. 따라서 장기적으로는 바이킹의 활약이 유럽의 대외진출을 촉진했다고 볼 수 있다.

7

포르투갈은
신항로 개척시대의
패자가 아니다

막대한 이익이 파생한 사하라 횡단 무역

제국주의가 온 유럽으로 들불처럼 번지도록 불씨를 댕긴 국가가 포르투갈이라는 사실은 잘 알려져 있다. 뒤를 이어 후발주자로 나선 네덜란드와 영국, 프랑스에 패배하고 급속히 쇠퇴의 길에 접어든 국가라는 이미지도 있다. 그러나 현재 연구에서는 포르투갈에 관해 기존의 이미지와 다른 해석이 대세를 형성하고 있다.

7세기에 시작된 세계의 이슬람화는 중앙아시아는

물론이고 아프리카에까지 도달했다. 그 영향은 10세기 중반에 성립한, 사하라사막을 남북으로 가로지르는 사하라 횡단 무역_{아래 지도 참조}에서 현저하게 나타났다. 이 무역에서 거래하던 주요 상품은 암염과 금이었다. 이 두 가지 상품은 각각의 생산지가 아닌, 모두 중계무역을 위한 상품으로 통북투_{Tombouctou}와 젠네_{Djenné} 등의 아프리카 도시를 거점으로 거래되었다.

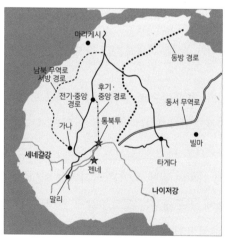

사하라 횡단 무역 경로

이 일대는 가나왕국Ghana. 실제 국명은 와가두Wagadou. 8~11세기, 말리제국Mali. 1240~1473년, 송가이제국Songhai. 1464~1590년이 지배했는데, 막대한 부가 집중되어 이 일대에 터를 잡은 나라는 모두 크게 발전했다. 특히 세네갈강 북부에서 감비아강 남부까지 펼쳐진 드넓은 영토를 소유했던 말리제국은 국내 상업을 촉진하는 정책을 취하며 안전한 무역 시스템을 구축했다. 정치적으로도 안정되어 경제적 번영을 구가할 수 있었다.

이슬람 상인은 이 상권에서 막대한 이익을 챙겼다. 북아프리카에 건국한 무라비트왕조Murabit. 1056~1147년와 모로코에서 번성한 무와히둔왕조al-Muwaḥḥidūn. 1130~1269년 시대부터 교역에 종사한 덕분이었다. 그들은 통북투에서는 사하라사막 북부의 암염을, 그리고 젠네에서는 삼림지대의 암염을 각각 사하라사막 남부 기니Guinea에서 채굴한 금과 교환했고, 그 금을 유럽과의 무역 밑천으로 활용했다.

금은 특히 지중해 연안 사람들에게 큰 가치가 있었다. 금을 나르기 위해 단봉낙타를 동원했는데, 사막에는 먹이로 줄 건생식물이 풍부하고 며칠씩 물을 마시지 않아도 사막을 이동할 수 있었기 때문이다. 대량의 금이

낙타 등에 실려 기니에서 유럽으로 들어갔다.

이 지역에는 본래 전통 종교가 있었는데, 상업망을 장악한 이슬람이 서서히 득세했다. 이슬람교를 신봉하던 송가이제국이 지배하자, 아프리카의 이슬람화는 착실하게 진전되었다.

레콩키스타에서 신항로 개척시대로

아프리카의 이슬람화라는 시대적 흐름과 병행하듯, 8세기 이후에는 이베리아반도에 침입한 이슬람교도를 추방하자는 움직임에 서서히 힘이 실렸다. '레콩키스타Reconquista' 즉 '국토회복운동'이라 부르는 이 움직임은 스페인이 이슬람 세력을 추방하고 국가를 통일하는 1492년까지 계속되었다. 1096년에는 교황의 부름에 응답해 모인 십자군이 성지 예루살렘을 이슬람교도의 손에서 탈환하기 위한 최초의 원정을 시작했다.

이슬람 세력에 둘러싸인 유럽 내부에서 그 포위망을 타파하려는 시도가 나왔다는 점에 주목해야 한다. 이러한 움직임이 이윽고 포르투갈의 신항로 개척시대 서막을 여는 신호탄 역할을 했다. 당시 유럽은 사방이 이슬람에 포위된 형국으로, 외부 세계로 나가려면 아프리카 서안을 뱃길로 돌아가는 길밖에 선택지가 없었다.

신항로 개척시대의 선두는 포르투갈의 항해 왕자 엔히크Henrique o Navegador가 끊었다. 사하라사막에서는 이슬람 상인이 사하라 횡단 무역에 종사했고, 서아프리카에서 금을 그러모았다. 이슬람 상인의 이권을 빼앗아오는 게 엔히크 왕자의 목적이었다고 추정할 수 있다. '항해 왕자'라는 별명과 달리 엔히크는 뱃멀미를 심하게 해 자진해서는 배에 타지 않으려 했다고 전해진다. 어쨌든 포르투갈은 멀미와 싸우는 왕자의 지휘 아래 이슬람의 손을 거치지 않고 직접 금을 얻고자 했다.

금이 아니라 향신료와 귀금속을 확보하는 게 주요 동기였다는 주장도 있다. 그러나 향신료가 목적이었다면, 포르투갈이 아프리카 탐험을 시작한 시점에는 이미 희망봉 경로를 통해 향신료 산지인 아시아로 갈 수 있다는 사실을 알고 있었으므로 이 주장은 설득력이 부족하다. 귀금속이라는 일반적 상품이 아닌 서아프리카의 금을, 이슬람 상인의 중개를 거치지 않고 자신의 손으로 확보하려 했다는 주장이 훨씬 이치에 맞는다.

포르투갈은 아프리카를 계속 남하해 아래로 내려갔다. 아래 지도를 보면 1415년 아프리카 서북단 세우타Ceuta를 공략하고, 1460년 시에라리온Sierra Leone에 도착했다. 1485년에는 콩고왕국Congo에 도달했고, 3년 후인 1488년에는 희망봉을 발견했다. 1490년에는 앙골라Angola 해안 지역인 르완다Rwanda에 식민지를 건설하고 이 지역을 노예무역 거점으로 삼았다.

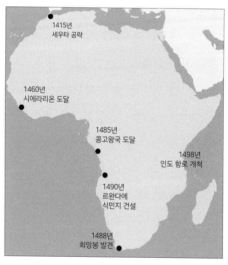

포르투갈의 해외 진출

1494년 포르투갈은 신세계 진출을 놓고 함께 경쟁하던 스페인과 토르데시야스조약을 체결했다. 신세계 영유권을 둘러싼 분쟁을 해결하기 위해 서경西經 46도 37분 자오선子午線을 기준으로 동쪽은 포르투갈, 서쪽은 스페인이 권리를 행사한다는 조약이다.

1498년 바스쿠 다가마Vasco da Gama가 인도의 캘리컷Calicut 즉 오늘날 코지코드Kozhikode에 도달하며 드디어 인도 항로를 개척했다. 인도 항로 개척으로 포르투갈은 신항로 개척시대의 주인공으로 부상했다.

포르투갈은 얼마 후 몇몇 식민지를 네덜란드와 영국에 할양하고 급속히 지는 해로 전락했다는 인식이 일반적이었다. 그러나 정치적 제국으로서의 포르투갈은 몰락했어도, 포르투갈이 구축한 상업 네트워크는 몰락하지 않았다.

포르투갈의 아시아 진출

포르투갈의 국왕 마누엘 1세는 1497~1506년 사이에 총 8회 인도 원정대를 파견하는 등 본격적으로 아시아로 진출할 기회를 엿보고 있었다.

1509년 아폰수 데 알부케르케Afonso de Albuquerque
가 디우해전에서 이슬람의 맘루크왕조Mamluk 함대를 격
파하고 포르투갈이 아라비아해 지배권을 차지했다. 알부
케르케는 1510년 인도의 고아Goa를 점령하고 튼튼한 요
새를 건설했으며, 1511년에는 말레이반도의 말라카왕국
Malacca을 무너뜨리고 향신료 산지인 말루쿠제도를 점령
했다.

향신료를 희망봉 경로로 들여오게 되자, 홍해에서
알렉산드리아를 거쳐 이탈리아로 운송하는 레반트 경로
는 17세기에 들어서 쇠퇴했다. 즉 유럽은 이슬람 상인과
아시아 상인의 손을 거치지 않고 자력으로 향신료를 수
입하기 시작했다.

한편 유럽의 세계 진출은 그동안에도 멈추지 않았
고, 1522년 드디어 스페인의 마젤란Ferdinand Magellan 일행
이 세계 일주를 달성함으로써, 지구는 구체이며 하나의
선으로 나눌 수 없다는 사실을 증명했다. 마젤란의 세계
일주로 포르투갈과 스페인 사이에 체결된 토르데시야스
조약은 세계를 나누기에 불충분한 조약임이 판명되었다.

그래서 양국은 1529년 사라고사조약을 새로 체

결해 동경東經 144도 30분을 통과하는 자오선으로 재분
할하기로 했다. 이 조약으로 기준선 서쪽은 포르투갈령,
동쪽은 스페인령이 되었고, 말루쿠제도는 정식으로 포
르투갈령이 되었다. 태평양의 대부분을 스페인이 점령
하는 대신에 포르투갈은 아시아의 상당 부분을 점유했
는데, 희망봉 경로로 발 빠르게 아시아에 진출했기 때문
에 아시아에서 우위를 차지하는 조약을 체결할 수 있었
다. 스페인은 아직 태평양을 횡단해 아시아로 진입하는
중이었으며, 1571년에야 비로소 필리핀에 마닐라Manila
를 건설했다.

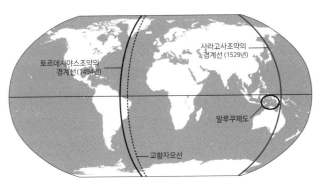

토르데시야스조약과 사라고사조약

뉴크리스천의 동향

포르투갈의 아시아 진출은 유럽의 아시아 진출 경쟁에 마중물 역할을 했다. 네덜란드, 영국, 프랑스, 덴마크, 스웨덴 등의 유럽 국가들이 동인도회사를 비롯한 회사와 각종 기관을 세우고 희망봉을 돌아 아시아를 오가는 무역에 앞다퉈 뛰어들기 시작했다.

네덜란드뿐 아니라 나중에는 영국이 싱가포르 등의 포르투갈 식민지 지역을 빼앗았고 영국은 인도를, 네덜란드는 인도네시아를 식민지로 삼아 아시아 식민지 제국을 건설했다. 영국의 동인도회사는 인도를 야금야금 먹어 들어가며 지배권을 강화했고, 네덜란드의 동인도회사는 인도네시아의 바타비아Batavia. 인도네시아 수도 자카르타 Jakarta의 옛 이름 - 옮긴이를 식민지로 만들고 인도 동안의 풀리캇Pulicat과 서안의 수라트Surat 및 타이완을 허브로 삼아 교역 활동에 종사했다.

아시아에서 세력을 확장하던 영국은 드디어 광저우에서 차를 수입하게 되었고, 네덜란드는 1620년 향신료 수입량에서 포르투갈을 앞질렀다. 영국과 네덜란드는 국가의 힘을 등에 업고 무역에 나선 덕분에 포르투갈을 앞지르고 승승장구할 수 있었다.

또 양국의 동인도회사는 국가의 특허장을 내세워 희망봉보다 동쪽의 무역 독점권을 보유했고, 아시아에서 사적으로 이익을 챙길 수 있도록 직원에게 사무역도 허가했다. 아시안드림을 꿈꾸는 수많은 유럽인이 아시아로 이주했고, 막대한 부를 일구어 고국으로 돌아오는 꿈같은 구도가 만들어졌다. 물론 금의환향하지 못하고 아시아에서 눈을 감는 사람도 많았다.

반면 포르투갈은 국가가 아닌 상인의 독자 조직을 중심으로 무역 활동에 종사했기에 국가의 이해관계와 무관하게 독자적인 이익을 추구했다. 포르투갈의 대외 진출을 뒷받침한 것은 뉴크리스천New Christian, 포르투갈어 Cristão-Novo 즉 레콩키스타 후에 기독교로 개종한 이들이었다. 대다수는 개종 전까지 유대교를 믿었기 때문에 포르투갈 국왕은 인도 고아에 이단심문소까지 설치해 탄압했다. 그러나 사무역 상인으로 활약한 그들을 완벽하게 단속할 수는 없었다. 포르투갈이라는 나라의 본질이 '상인의 제국'이었음을 보여주는 사건이다.

이들은 포르투갈이 영토를 빼앗겨도 계속 해당 지역 무역 활동의 중심에서 활약할 수 있었다. 상업 활동의 주체가 국가가 아닌 상인이었기 때문이다. 실제로 19세기 초에 이르기까지 페르시아만과 마카오Macao 사이의 공용어는 포르투갈어였다.

　그뿐만 아니라 네덜란드 식민지였던 인도네시아의 티모르섬Timor에서도 포르투갈인의 대리인이 상업활동에 종사했다. 남중국해에서 활동한 중국인과 일본인이 뒤섞인 왜구의 중계자도 포르투갈인이었다. 포르투갈 상인의 저력은 국경을 초월할 정도로 막강했다.

밀무역으로 살림살이가 넉넉해진 예수회

　국가조직은 아니지만, 포르투갈의 세계 진출에 중요한 역할을 담당한 거대 조직을 꼽는다면 '예수회'를 들수 있다. 예수회는 단순한 선교단체가 아니라 상업적 이익을 추구하는 종교 조직이었다.

　예수회는 일본에도 영향력을 미쳐 포르투갈 상인과 함께 전국시대에 무기를 공급하기도 했다. 대외 교섭사를 전공한 일본사 학자 안노 마사키安野眞幸 교수에 따르면, '고아 → 말라카 → 마카오 → 나가사키' 경로가 예수회의 일본 선교를 뒷받침한 경제적 보급로이자 병참로였다.

《예수회의 세계 전략イエズス会の世界戦略》 등의 저서를 집필한 다카하시 히로미高橋裕史에 의하면, 예수회는 대량 운송에 적합한 나우선nau. 신항로 개척시대를 대표하는 대형 범선을 활용해 마카오에서 일본으로 무기를 수출한 뒤 기독교 신자가 된 지방 영주 다이묘大名에게 제공했다. 당시 기독교를 믿었던 이들을 포르투갈어 'Cristão'의 일본식 발음 '기리시탄吉利支丹, キリシタン'이라 불렀을 정도로 포르투갈과 밀접한 관계를 유지했다. 예수회는 일본에서 유럽제 무기를 조달하는 '죽음의 상인'으로 활약했다.

말라카와 일본을 잇는 무역로는 짭짤한 수익이 보장되는 길로, 초기에는 밀수 위주였다. 예수회는 이 길을 1세기에 걸쳐 독점했다. 그 밖에도 아시아 무역은 밀무역이 성행해 막대한 이익을 벌어다 주었다. 아시아 무역에서 발생한 이익은 예수회뿐 아니라 짬짜미로 힘을 보탠 포르투갈 상인의 지갑도 넉넉하게 채워주었다.

신세계로 확대된 무역 네트워크

흑인 노예무역은 뒤의 9장에서 상세하게 설명할 예정이라 여기서는 간단히 짚고 넘어가려 한다. 지금까지 연구에서 포르투갈은 17세기 중반에야 아시아뿐 아니라 브라질을 중시하게 되었다는 학설이 지배적이었다.

그런데 최근 연구에 따르면, 현실에서는 이들 지역이 강력한 유대관계로 묶여 있었다는 증거가 속속 발견되고 있다. 포르투갈 본국, 아시아 식민지, 신세계 식민지주로 브라질에는 각각 뉴크리스천의 혈연관계자가 거주하고 하나의 네트워크를 형성했다. 다시 말해 포르투갈에서 아시아에 걸친 광범위한 뉴크리스천 네트워크는 대서양을 넘어 브라질, 페루, 멕시코까지 이르렀으며 유럽, 대서양, 아시아를 하나의 무역망으로 통합하는 데 큰 역할을 맡았다고 추정할 수 있다.

구체적으로 살펴보자. 1580년대까지 포르투갈인은 인도에서 생산한 면을 북아프리카와 레반트로 운송했다. 서아프리카에서는 인도의 구자라트, 신드주Sind. 오늘날에는 파키스탄 영토, 캄바트Khambhat에서 사들인 저품질 직물을 팔아 노예와 교환했다. 이 무역에서 챙긴 이익금은 막대했고, 노예는 브라질 시장에서 매입 당시 가격의 다섯 배, 카리브해와 멕시코 시장에서는 여덟 배에 거래되었다.

포르투갈인은 서아프리카에서 금이나 상아와 맞바꿔 잉글랜드와 플랑드르의 리넨linen을 판매하기 시작했다. 그리고 아시아와 유럽 양쪽에서 서아프리카에 직물을 공수했다. 그동안 인도산 면은 농남아시아에서 향신료를 매입하기 위한 매개였다.

인도산 면이 동남아시아로 운송되는 방법에 관해서는 면 역사 연구자인 조르조 리엘로Giorgio Riello의 설명을 들어보자.

육지와 바다는 면과 다른 상품 무역에 배타적인 관계가 아니었다. 이 둘은 보완관계로, 선박에서 짐을 내려 낙타에 싣는 방식으로 운영했다. 그 반대도 있었다. 이는 몇 가지 매개에 의존한 무역이었다. 단 한 명의 상인이 원산지에서 최종 소비자까지 상품을 운송하는 일은 아주 드물다. 상품을 취급하는 사람은 몇 번이고 바뀐다. 예를 들어 구자라트에서 한 철 꼬박 걸려 말라카에 도착한다. 그리고 몬순에 걸려, 상인은 돌아오려면 이듬해 3월까지 기다려야 한다.

- Giorgio Riello, 《Cotton : The Fabric that Made the Modern World》(Cambridge University Press, 2013)

여기서 볼 수 있듯이 인도산 면을 기축으로, 대서양과 인도양과 동남아시아는 하나의 상업권으로 밀접하게 연결되어 있었다. 포르투갈 상인의 배로 인도산 면을 운송했다는 사실은 매우 중요하다. 머나먼 뱃길을 마다하지 않았던 유럽 상인과 달리, 아시아 상인은 결코 희망봉을 넘어 유럽이나 대서양으로 진출하려 하지 않았다. 이는 훗날 유럽과 아시아의 발전에 결정적인 차이로 작용한다.

포르투갈은 '패자'가 아니었다

유럽 상인, 그중에서도 포르투갈 상인의 상업권은 거대했다. 17세기 후반부터 18세기에 걸쳐 '아시아 – 브라질 – 아시아'라는 직접 교역이 포르투갈왕국의 허가로 이루어졌다는 사실은 중요하다.

1692년 포르투갈 배가 인도에서 브라질 바이아

Bahía에 기항했다가 리스본Lisbon으로 돌아왔다. 1697~
1712년 사이에는 리스본에서 아시아로 향했던 39척의
배 중 22척이 바이아에 정박하고 나서 리스본으로 귀항
했다. 그리고 브라질의 금과 교환하기 위해 아시아에서
인도산 면, 중국제 도자기와 비단을 대량으로 사들였다.
브라질에서는 금 이외에 아시아에서 판매되는 상품을 수
출했다. 예를 들면 코담배와 설탕이 고아와 마카오에서
팔려나갔다. 이러한 사실은 18세기에 들어서도 포르투갈
상인이 아시아와 대서양 무역에서 활약하고, 이 두 지역
의 바다를 하나로 연결했다는 증거로 볼 수 있다.

　　13~14세기에는 몽골제국 사람들이 육로로 유라
시아 세계를 연결했다. 몽골제국은 해상무역도 중시했지
만, 국가의 본질 자체가 유목민 제국이라 해상무역을 바
다 건너 세계 전체를 하나의 무역권으로 연결하는 수준까
지 발전시키지는 못했다. 반면 포르투갈인은 세계 곳곳으
로 진출해 정착하거나 세계 각지를 바닷길로 이었다.

　　네덜란드인이 구축한 네트워크가 더 중요하다는
의견도 있으나, 네덜란드인 네트워크의 힘은 동남아시아
를 중심으로 아시아에서는 강력해도 신세계 전체에서는
맥을 못 추었다. 적어도 포르투갈과 비교하면 네덜란드

인의 상업권은 아시아에서만 머물렀다.

또 17세기 말에 포르투갈 상인은 영국 및 네덜란드 동인도회사와 공동으로 무역했다. 두 동인도회사 모두 상업 측면에서 포르투갈과 대적할 필요가 없었기 때문이다.

정치적 제국으로서 포르투갈의 몰락이 포르투갈이 이룩한 상업 네트워크의 몰락을 의미하지는 않는다는 설명이 바로 이번 장의 핵심이다. 우리는 포르투갈인, 특히 포르투갈 상인이 세계사에서 맡은 중요한 배역을 좀 더 눈여겨볼 필요가 있다.

8

서로 다른
문화가 만나
교역의 장이 된
아시아

이슬람화하는 동남아시아

동남아시아 상업사 연구자로 가장 유명한 앤서니 리드Anthony Reid는 동남아시아의 1450~1680년을 '교역의 시대'라 부른다. 그는 이 시대에 동남아시아에서의 교역이 비약적으로 증가했다고 주장한다.

앤서니 리드의 연구에 영향을 받은 제프 웨이드Geoff Wade는 동남아시아의 900~1300년을 '초기 교역의 시대'라 이름 붙였다. 앤서니 리드가 연구 대상으로 삼기 이전 시대에 '초기'라고 부를 만한 교역 확장의 시대가 있었다는 주장이다.

제프 웨이드는 8~11세기에 인도양과 아라비아해뿐만 아니라 동남아시아에서도 이슬람화가 진행되었다고 주장한다. 참파Chăm Pa. 오늘날 베트남 중부에서 남부와 중국, 남중국해, 동남아시아에서도 이슬람 공동체를 발견할 수 있다는 사실을 증거로 제시했다.

11세기 후반에는 아랍에서 파견한 사절이 동남아시아를 거쳐 중국을 방문했다. 이 시대에는 중국의 해상무역 거점이 광저우에서 취안저우로 옮겨 갔고, 취안저우에는 곧바로 이슬람 상인을 위한 모스크가 세워졌다. 이는 이슬람의 힘이 해로로 중국까지 미쳤다는 증거로 볼 수 있다. 12~13세기 해상무역 열풍에서도 취안저우의 이슬람 세력은 매우 강성했다.

인도에서는 송나라 시대 중국의 구리 동전이 출토되었는데, 이 동전은 동남아시아로도 유입되었다. 일본에서도 헤이안平安 시대794~1185년 중기부터 송나라의 구리 동전을 사용했는데, 중국 동전이 바다를 통해 아시아 세계의 공통 통화로 자리매김하며 이 지역의 시장 단일화가 이루어졌음을 보여준다. 이 동전을 각 지역으로 가져간 이들은 인도를 중심으로 활동했던 이슬람 상인이었다.

이집트의 이슬람 왕조는 이탈리아의 베네치아와 체결한 1345년 조약으로 레바논의 베이루트Beirut와 시리아의 다마스쿠스Damascus에서 활동하던 카라반 상단에 대한 지배를 강화했다. 카라반 상단은 중동부터 동남아시아에 이르는 경로에서 상업 활동을 펼쳤기 때문이다. 이슬람 왕조의 주도로 동남아시아와 지중해는 강하게 결속했다.

이처럼 동남아시아와 지중해를 연결하는 과정에서 큰 역할을 도맡은 이들도 카라반 상단 네트워크의 상당 부분을 지배하던 이슬람 상인이었다. 앤서니 리드의 연구에 따르면, 1400~1462년은 말라카와 수마트라, 말루쿠제도의 티도레섬 등이 이슬람화한 시기였다. 이슬람이 인도에서 이 지역까지 진출한 게 아니라, 동남아시아 상인이 이슬람교로 개종했다고 보는 게 옳다. 또 브루나이, 마닐라, 참파 등도 이슬람권에 편입되었다.

15세기 말에 들어서면 말루쿠제도가 중요해진다. 말루쿠 해역은 아라비아해와 인도양에서 활약하던 전통 범선 다우선dhow과 동남아시아에서 사용하던 정크선junk

의 집결지로, 아시아 지역 해상무역의 최대 요충지였기 때문이다.

이렇게 서로 다른 문화 간 교역권이 된 동남아시아 네트워크는 유럽과 아프리카, 인도양 세계까지 하나로 연결했다. 이 교역권에서 주로 활약한 이들이 바로 이슬람 상인이었으며, 교역을 확장하면서 많은 이슬람 상인이 이주했다고 추정된다.

그런데 15세기 무렵부터 포르투갈 등의 유럽 세력이 들어와 이 경로가 유럽의 수중으로 넘어갔다. 이슬람 상인이 중심이었던 인도양은 포르투갈 상인이 활약하는 바다로 탈바꿈했다.

영락제와 정화의 원정

한편 중국은 14세기 후반부터 2세기에 걸쳐 인구가 대폭 증가했다. 명明의 황제였던 영락제永樂帝는 인구 증가로 국내 수요가 늘어나자 무역 원정을 활발하게 진행했다. 무역 상대는 주로 동남아시아로, 이 덕분에 동남아시아의 교역은 크게 발전했다.

영락제는 환관이자 이슬람교도였던 정화鄭和에게 함대를 이끌고 아라비아반도까지 원정을 다녀오도록 명령하는 등 적극적인 대외 정책을 펼쳤다. 그는 중국의 교역 확장 시대를 몸소 실현한 황제였다.

이 시대에는 주변국과의 조공무역 체제도 전성기를 맞이했다. 조공무역 체제는 '문명의 중심인 중국 왕조가 주변 오랑캐에게 은혜를 베푼다'는 취지로 마련한 제도다. 주변국에서 조공품을 바치면 중국에서 하사품을 내리면서 교환하는 경제활동으로, 중국이 타국보다 압도적으로 풍요로운 나라였기에 실행할 수 있었던 체제다.

그러나 1424년에 영락제가 세상을 떠나자 중국은 적극적인 대외 진출을 중단했다. 급기야 1436년에는 대양 항해용 선박 건조까지 중단했다. 그 이유는 본론에서 벗어나기에 자세히 설명하지 않겠지만, 중국은 이 시기에 나라의 빗장을 닫아걸고 밖으로 나가지 않았다. 조공무역 체제는 유지했으나 해외 진출은 중단했다. 당시 세계에서도 선진적인 기술을 보유한 중국이 쇠퇴하기 시작한 것을 이 시점으로 볼 수 있다.

무역 거점으로서의 류큐

이 무렵 류큐琉球. 오늘날 오키나와가 동남아시아와
의 국제관계 무대에 등장했다. 류큐는 동아시아와 동남
아시아가 만나는 중요한 집결지였다. 중국과의 조공무역
에 적극적으로 임하는 동시에, 동남아시아 주요 무역항
으로 선박을 보냈기 때문이다. 1428~1442년 사이에는
태국 아유타야왕조Ayutthaya에 적어도 열일곱 차례, 수마
트라섬 팔렘방Palembang과 자바섬에는 각각 여덟 차례 사
자를 파견했다.

류큐는 중국과 동남아시아 여러 나라와 마찬가지
로 정크선을 무역선으로 활용했다. 오른쪽 지도로 알 수
있듯이, 류큐는 일본의 사카이堺나 하카타博多. 오늘날 후쿠
오카와도 교역관계를 유지했다.

류큐왕국은 14세기 무렵부터 호쿠잔北山, 주잔中
山, 난잔南山이라는 세 개의 왕국으로 나뉘었다. 1429년
주잔왕국의 쇼하시尙巴志 왕이 통일해 하나의 왕국이 되
었는데, 통일 왕국이 되기 전부터 활발한 무역 활동에 종
사했다. 저명한 중국 역사 전문가인 하마시타 다케시浜下
武志의 연구에 따르면, 류큐는 1380년대 후반 무렵부터

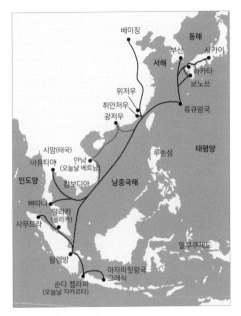

류큐왕국의 주요 무역 경로

Takeshi Hamashita, 〈The Lidan Baoan and the Ryukyu Maritime
Tributary Trade Network with China and Southeast Asia, the Fourteenth
to Seventeenth Centuries〉(in Eric Tagliacozzo and Wen-chin Chang(eds.),
《Chinese Circulations : Capital Commodities, and Networks in Southeast
Asia》, Duke University Press, 2011)를 바탕으로 작성

시암Siam. 태국의 옛 이름 – 옮긴이과 무역했다.

또 류큐는 명과 조공무역을 하며 조공품으로 향신
료를 보냈다. 류큐가 자국 선박으로 동남아시아와 무역
을 했기에 가능한 일이었다. 시암에서 중국으로 보낸 조공품 중에도 유황과 말, 후추, 소목蘇木을 비롯한 기타 남양南洋의 상품들이 있었는데, 이는 류큐와 교역해 들여온 것으로 볼 수 있다.

영락제가 시암인을 위해 선박을 수리하고 식량을 제공하라는 명령을 지방 정부에 내린 기록도 남아 있는데, 그 선박은 조선이나 류큐로 계속 항해했을 공산이 크다. 이처럼 영락제는 동남아시아 교역망 확장을 환영했다.

류큐는 왜 중국과의 관계를 이어갔나?

중국인은 시암과 수마트라섬의 팔렘방 등 남해 지역에 원나라 후기부터 명나라 시대에 걸쳐 정착했다. 시암에는 인도네시아의 마지막 힌두교 왕국 마자파힛 Majapahit의 전성기인 14세기 중반, 하얌 우룩Hayam Wuruk 왕 시대에 정착했다. 14세기 말에 들어서면서 이 남해에 자리한 나라들과 중국, 일본, 조선, 류큐 사이에 거래가 시작되었는데, 당시 큰 역할을 맡은 이들이 먼저 자리 잡은 중국인이었다.

남해로 향했던 류큐인이 활발하게 교역한 이들

도 중국인이었다. 류큐가 팔렘방과 관계를 시작한 시기는 1428년, 자바섬은 1430년이다. 팔렘방과 자바 등 몇 몇 항구는 정착해 있던 중국인의 상업 활동 덕분에 류큐인이 중국과의 관계를 유지하며 번영을 누렸다고 추정할수 있다. 이 당시 동아시아 국제관계는 중국의 조공무역제도가 이끌었고, 해외에 사는 중국인이 중요한 역할을 담당했다. 류큐는 조공무역 및 해외 거주 중국인과의 관계를 현명하게 활용했다.

류큐사 연구자 구로시마 사토루黑嶋敏에 따르면, 류큐에는 명나라에서 나온 화교가 자리 잡고 살았다. 이들은 류큐왕국의 대외 교역을 주도했을 뿐 아니라 본국인 명과의 외교와 통상에서도 우위를 차지하고 활발하게 활동했다.

이처럼 류큐는 동아시아뿐 아니라 동남아시아의 시암, 팔렘방, 자바, 수마트라, 안남베트남 등으로 교역망을 확장했다. 15세기 류큐는 동아시아 및 동남아시아와 긴밀한 네트워크를 구축하고 있었다. 이 시대 포르투갈인, 특히 예수회가 배를 타고 아시아로 건너갔다. 포르투갈 상인은 예수회 선교사와 함께 아시아의 근거지였던 인도 고아를 출항해 말라카해협을 거쳐 마카오에 도착했다. 이 시기의 인도와 동남아시아를 연결한 주역이 이슬람 상인이었다. 포르투갈 상인은 신항로 개척시대를 열고 이슬람 상인이 장악했던 경로를 가로채 류큐 등의 동아시아 국가와 거래했다고 추정할 수 있다. 이 가설은 류큐의 교역망과 포르투갈의 교역망이 크게 겹친다는 사실로 증명된다.

9

흑인과 유대인이
일으킨
'설탕 혁명'

'설탕 혁명'이란 무엇인가?

세계사 최대 규모 '이민' 이야기의 주인공은 16~19세기에 노예가 되어 대서양을 건넌 흑인이다. 현재 연구에서는 서아프리카에서 신세계로 이송된 흑인 노예가 사탕수수 재배에 종사했다고 추정한다. 이 사탕수수로 만든 설탕이 유럽에 수출되어 유럽인의 생활수준 향상에 크게 이바지했다.

설탕은 열량이 높은 식품이다. 19세기 후반에 이

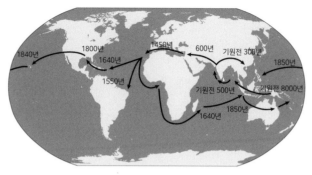

설탕 생산의 확대

Urmi Engineer, 〈Sugar Revisited : Sweetness and the Environment in the
Early Modern World〉(in Anne Gerritsen and Giorgio Riello(eds), 《The
Global Lives of Things : The Material Culture of Connections in the Early
Modern World》, London ; New York, 2016)를 바탕으로 작성

를 때까지 대다수 유럽인은 가난을 면치 못했다. 1845년
무렵에도 아일랜드에서 가난한 사람의 식량이었던 감자
흉작으로 100만 명 이상이 굶어 죽었다. 극심한 식량 부
족으로 아사 위기에 내몰린 사람 중 상당수가 미국과 캐
나다, 호주로 이주했다.

　　이런 사실로 볼 때 당시 유럽인의 섭취 열량이 높
지 않았음을 알 수 있다. 그래서 소량으로 높은 열량을

내는 설탕은 귀중한 에너지 공급원이었다. 그러나 유럽인은 대륙 내부에서 사탕수수를 대량 재배할 수가 없었다. 훨씬 따뜻한 지역으로 사탕수수 재배지를 찾아 나서야 했다.

사탕수수 원산지는 동남아시아였다. 왼쪽의 지도에서 보듯이 기원전 8000년경 동남아시아에서 재배하기 시작한 사탕수수는 매우 오랜 세월이 흐른 뒤에야 신세계에서도 재배하게 되었다.

아시아에서도 사탕수수로 설탕을 생산했으나 소량에 그쳤다. 아시아 최대 국가인 중국에서조차 소규모 생산밖에 이루어지지 않았다. 그런데 신세계에서는 플랜테이션plantation. 단일작물을 대량으로 재배하는 대규모 농원 방식으로 사탕수수를 재배해, 생산량을 단숨에 높이는 데 성공했다. 플랜테이션 농업으로 인해 삼림자원 벌채로 대표되는 환경문제가 발생했으나, 유럽인의 설탕에 대한 갈망은 멈출 줄 몰랐고, 결국 17세기에는 신세계가 설탕 생산의 중심지로 자리매김했다. 신세계의 최대 수출품은 설탕이었고, 이 현상을 '설탕 혁명'이라 불렀다.

'설탕 혁명'에서 중요한 역할을 맡은 이들은 강제이주를 당한 흑인 노예다. 흑인은 노동력으로 동원되었다. 그리고 사탕수수 재배 기술을 전수한 사람들로는 뒤에서 자세히 설명할 유대인세파르딤, Sephardim의 존재를 무시할 수가 없다. 이번 장에서는 '설탕 혁명'을 흑인과 유대인의 엇갈린 운명이 만들어낸 역사로 파악하려 한다.

대이동하는 환대서양 세계

포르투갈인은 이미 1420년 무렵부터 마데이라제도Madeira에서 사탕수수 재배에 흑인 노예를 동원했다. 1450년대에는 교황이 포르투갈 왕족에게 아프리카를 탐험하고 이교도를 정복해 노예로 삼는 활동을 정식으로 허가했다.

1500년에는 포르투갈인 카브랄Pedro Álvares Cabral이 콜럼버스보다 8년 늦게 브라질을 '발견'했고, 남미대륙의 동쪽 대부분은 포르투갈령이 되었다. 마데이라제도에 비해 훨씬 광대한 브라질은 플랜테이션 방식으로 사탕수수를 재배하는 데 적합했다. 흑인 노예가 서아프리카에서 브라질을 비롯한 신세계로 끌려왔고, 본래 동남아시아가 원산지이던 사탕수수도 머나먼 이국땅에 이식

되어 신세계에서 재배하기 시작했다.

마데이라제도의 설탕은 현재 벨기에령인 브루게Brugge. 프랑스어로 브뤼주Bruges라고도 함 – 옮긴이에서 판매되었다. 1500년 무렵 상투메섬São Tomé. 기니만의 상투메 프린시페에서 가장 큰 화산섬. 포르투갈어로 '성 토마스'라는 뜻 – 옮긴이의 설탕 생산이 급속도로 확대되자, 상투메섬과 마데이라제도에서 생산된 설탕이 모이는 항구로 벨기에령인 안트베르펜Antwerpen. 영어로 앤트워프Antwerp라고도 함 – 옮긴이이 부상했다.

1550년대에는 신세계에서 플랜테이션 방식으로 생산한 설탕이 유럽 시장을 석권하기 시작했다. 16세기 말에는 브라질 북동부의 페르남부쿠Pernambuco와 바이아가 세계에서 가장 중요한 설탕 생산지가 되었다. 이 브라질 설탕은 안트베르펜으로 운송되었고, 안트베르펜은 유럽 설탕 시장의 중심지로 거듭났다.

16세기에는 브라질의 설탕 생산량이 대서양의 마데이라제도와 상투메섬의 생산량을 압도할 정도로 성장했다. 유럽에서 '설탕'이라 하면 브라질산 설탕을 떠올릴 만큼 시장점유율이 높아졌으며, 1612년에는 이미 연간 981만 1,680킬로그램의 설탕을 생산하게 되었다.

브라질이 주요 설탕 생산지로 자리매김함으로써 포르투갈은 유럽 명문가에 설탕을 제공하는 공급자의 지위를 확립했다. 또한 설탕 생산뿐 아니라 흑인 노예무역까지 포함해, 대서양 경제에서 포르투갈의 수도 리스본이 번영을 누리는 데에 중요한 요인으로 작용했다.

그러나 설탕을 생산하는 데에는 천문학적인 비용이 필요했으므로, 포르투갈은 단독으로 사업을 운영하지 못하고 독일, 이탈리아, 네덜란드 상인이 공동 출자하게 되었다. 결국 설탕 생산은 전 유럽을 끌어들인 거대한 규모의 비즈니스였던 것이다.

대서양 노예무역과 인구 증가의 관계

대중매체의 영향으로 흑인 노예를 잔뜩 싣고 대서양을 오가는 배에는 영국 국기가 펄럭이는 이미지가 있다. 그러나 현재 노예무역에 관한 연구 자료가 쌓이면서 노예무역 실태가 우리 생각보다 훨씬 복잡하다는 사실이 속속 드러나고 있다.

138~139쪽의 표는 노예 수송선의 선적을 보여

준다. 놀랍게도 초반에는 스페인과 포르투갈 선박의 비율이 높다. 또 포르투갈 선박이 수송하는 노예 숫자가 가장 많다. 영국 선박이 포르투갈이나 브라질 선박보다 많은 기간은 1726~1800년에 불과했다.

16세기에는 스페인의 수송 건수가 많아 보이는데, 실제로는 포르투갈이 더 많은 선박을 운영했다. 게다가 140~141쪽 '상륙지역에 따른 노예 수송 수' 표에 따르면, 포르투갈 식민지였던 브라질이 아니라 스페인령 미국에 더 많은 배를 보냈다. 스페인 선박뿐 아니라 포르투갈 선박으로도 서아프리카 흑인을 스페인령 미국에 보냈다는 사실이 흥미롭다. 서아프리카에서 금을 운송하며 포르투갈 상인과 스페인 상인이 일종의 업무협약을 맺었는데, 그 관계가 대서양 무역에서도 관행처럼 이어졌을 공산이 크다.

17세기에는 먼저 스페인령 미국, 이어서 브라질로 노예 수송이 늘어난다. 이는 스페인에서 포르투갈로 대세가 바뀌며 노예무역의 중심이 이동했음을 뜻한다. 그리고 18세기의 노예 수송 수는 브라질, 영국령 카리브해, 프랑스령 카리브해 순이다.

국가별로 살펴보자. 영국은 압도적으로 자메이

	스페인/ 우루과이	포르투갈/ 브라질	영국
1501~1525년	6.363	7.000	0
1526~1550년	25.375	25.387	0
1551~1575년	28.167	31.089	1.685
1576~1600년	60.056	90.715	237
1601~1625년	83.496	267.519	0
1626~1650년	44.313	201.609	33.695
1651~1675년	12.601	244.793	122.367
1676~1700년	5.860	297.272	272.200
1701~1725년	0	474.447	410.597
1726~1750년	0	536.696	554.042
1751~1775년	4.239	528.693	832.047
1776~1800년	6.415	673.167	748.612
1801~1825년	168.087	1.160.601	283.959
1826~1850년	400.728	1.299.969	0
1851~1866년	215.824	9.309	0
합계	1.061.524	5.848.266	3.259.441

네덜란드	미국	프랑스	덴마크/ 발트해 지방	합계
0	0	0	0	13,363
0	0	0	0	50,762
0	0	66	0	61,007
1,365	0	0	0	152,373
1,829	0	0	0	352,844
31,729	824	1,827	1,053	315,050
100,526	0	7,125	653	488,065
85,847	3,327	29,484	25,685	719,675
73,816	3,277	120,939	5,833	1,088,909
83,095	34,004	259,095	4,793	1,471,725
132,330	84,580	325,918	17,508	1,925,315
40,773	67,443	433,061	39,199	2,008,670
2,669	109,545	135,815	16,316	1,876,992
357	1,850	68,074	0	1,770,978
0	476	0	0	225,609
554,336	305,326	1,381,404	111,040	12,521,337

대서양 운항 선박 수로 보는 노예 수송 수

(https://www.slavevoyages.org/assessment/estimates)

	유럽	북미 대륙	영국령 카리브해	프랑스령 카리브해
1501~1525년	637	0	0	0
1526~1550년	0	0	0	0
1551~1575년	0	0	0	0
1576~1600년	266	0	0	0
1601~1625년	120	0	681	0
1626~1650년	0	141	34,045	628
1651~1675년	1,597	5,508	114,378	21,149
1676~1700년	1,922	14,306	256,013	28,579
1701~1725년	182	49,096	337,113	102,333
1726~1750년	4,815	129,004	434,858	255,092
1751~1775년	1,230	144,468	706,518	365,296
1776~1800년	28	36,277	661,330	455,797
1801~1825년	0	93,000	206,310	73,261
1826~1850년	0	105	12,165	26,288
1851~1866년	0	476	0	0
합계	10,797	472,381	2,763,411	1,328,423

네덜란드령 미국	덴마크령 서인도	스페인령 미국	브라질	아프리카	합계
0	0	12.726	0	0	13.363
0	0	50.763	0	0	50.763
0	0	58.079	2.928	0	61.007
0	0	120.349	31.758	0	152.373
0	0	167.942	184.100	0	352.843
0	0	86.420	193.549	267	315.050
62.507	0	41.594	237.860	3.470	488.063
83.472	22.610	17.345	294.851	575	719.673
62.948	10.912	49.311	476.813	202	1.088.910
85.226	5.632	21.178	535.307	612	1.471.724
132.091	21.756	25.129	528.156	670	1.925.314
59.294	43.501	79.820	670.655	1.967	2.008.669
28.654	19.597	286.384	1.130.752	39.034	1.876.992
0	5.858	378.216	1.236.577	111.771	1.770.980
0	0	195.989	8.812	20.332	225.609
514.192	129.866	1.591.245	5.532.118	178.900	12.521.333

상륙지역에 따른 노예 수송 수

(https://www.slavevoyages.org/assessment/estimates)

카에 수송한 노예가 많다. 모든 시대를 통틀어 120만 명의 노예를 자메이카로 보냈다. 프랑스는 생도맹그Saint-Domingue, 오늘날 아이티가 압도적으로 많았는데, 전 시대를 합쳐 총 90만 명이 넘는다.

스페인은 중미 비율이 높고, 18세기에 접어들어 쿠바 비율이 상승한다. 1771~1780년에 쿠바로 끌려온 흑인 노예는 6만 4,000명 정도였는데, 1826~1850년에는 36만 명을 넘어섰다.

포르투갈은 18세기에 브라질 남동부와 바이아로 보낸 노예 수가 상당히 증가했다. 바이아에 상륙한 노예 수는 모든 시대를 통틀어 170만 명 이상에 달해, 다른 지역보다 많다. 18세기에 설탕 플랜테이션으로 노예 수요가 증가하자, 카리브해에서 스페인령 남미와 브라질 동부에 걸쳐 노예 수송 수도 급속히 증가한 것이다. 설탕 플랜테이션 활성화로 각 지역의 흑인 인구는 가파르게 증가했다. 자메이카에서는 1700~1789년 사이에 여섯 배나 늘어났고, 생도맹그에서는 1686년부터 1791년까지 141배나 껑충 뛰어올랐다.

전체적으로 보면 이 시대 노예무역에서 북미의 비율은 상당히 낮다. 18세기 대서양 경제 전체에서 차지하

는 북미의 비중은 아직 그리 크지 않았다. 북미 경제는
19세기에 들어서야 존재감을 드러내기 시작했다.

흑인을 대량 수송한 이유는 설탕 식민지의 인구
증가를 위해, 특히 남성 흑인 노예를 노동력으로 끊임없
이 공급해야 했기 때문이다. 그러나 열악한 영양 상태에
서 가혹한 노동에 시달리다 보니 애써 끌고 온 흑인 노
예의 수명은 그리 길지 못했다. 1700년 카리브해 섬나라
바베이도스Barbados의 노예 인구는 4만 명이었다. 100년
사이에 26만 3,000명의 흑인 노예를 데려왔지만, 1792
년의 노예 인구는 6만 4,300명에 그쳤다.

네덜란드의 신세계 진출

'설탕 혁명'이 역사의 무대에서 공연되었을 때 흑
인과 유대인은 공동 주연을 맡았다. 이들의 엇갈린 운명
을 순서대로 설명을 따라 차근차근 읽어보자.

1621년 네덜란드는 서인도회사WIC, West-Indische
Compagnie를 창설하고 아프리카와 미국의 포르투갈 영토
를 차지하려 했다. WIC는 1642년에 대규모 전투부대

를 포함한 인원을 남대서양으로 파견해 브라질의 헤시피
Recife와 페르남부쿠를 자국 영토로 삼는 데 성공하고, 내
친김에 포르투갈령 아프리카까지 점령했다.

네덜란드는 1609년 허드슨만과 맨해튼섬을 '발
견'하고 니우네데를란트Nieuw-Nederland 즉 '뉴네덜란
드'라고 이름 지었다. 1625년에는 맨해튼섬을 델라웨
어Delaware 선주민에게 사들여 니우암스테르담Nieuw-
Amsterdam이라 명명했다. 니우암스테르담은 제2차 영국-
네덜란드전쟁을 종결시킨 브레다조약으로 영국의 식민
지였던 남미의 수리남Surinam과 교환해, 오늘날 뉴욕이
되었다. 이후 네덜란드는 북미 진출을 단념했다.

어쨌든 1640년이 될 때까지 네덜란드는 일시적으
로나마 페르남부쿠와 포르투갈령 아프리카를 점령했고,
아메리카 대륙의 설탕 생산과 아프리카 노예제도에 큰
영향을 미쳤다.

기술 전파의 열쇠가 된 세파르딤

페르남부쿠는 1654년에야 다시 포르투갈의 손에

돌아갔다. 카리브해 네덜란드령 식민지에는 네덜란드인 플랜테이션 농장주와 그들이 소유한 노예가 속속 도착해 사탕수수를 재배하기 시작했다. 카리브해의 여러 섬에서는 이전에도 사탕수수를 재배했으나, 네덜란드인이 들어오고 나서 본격적으로 설탕 생산 산업이 자리를 잡았다.

그런데 카리브해에 들어온 네덜란드인은 엄밀하게는 '네덜란드인'이 아니었을 가능성이 높다. 최근 사탕수수 재배 기술을 브라질에서 카리브해 여러 섬 지역으로 전파한 이들은 네덜란드인이 아니라 세파르딤이라는 주장이 학계에서 제기됐다. 세파르딤은 15세기 말에 스페인과 포르투갈이베리아반도에서 추방된 유대인이다. 이들은 네덜란드의 암스테르담과 로테르담Rotterdam에 피난처를 마련해 이베리아반도의 고국과 외국 식민지 사이의 무역에 크게 이바지했다고 알려져 있다.

세파르딤은 구세계에 비해 훨씬 자유롭게 상업 활동을 펼칠 수 있는 신세계로 적극 진출했다. 첫 번째로 선택한 이주지는 브라질로 추정하는데, 브라질에서 서인도제도로 설탕 재배를 확대하며 네덜란드의 플랜테이션 식민지가 발전하는 과정에서 중요한 역할을 도맡았다. 브라질의 플랜테이션 농장에서 노예를 소유하고 사탕수수 재배법을 알고 있던 세파르딤 일부가 네덜란드, 영국, 프랑스 식민지로 이주했기 때문이다. 그리고 카리브해를 새로운 설탕 생산 거점으로 삼았는데, 자메이카 등지에서는 이들에게 종종 '유대인 노예 소유자'라 부르며 비난을 보냈다. 이 시대에 카리브해에서 북미와 남미에 걸쳐 발견된 몇몇 유대인 공동체의 대다수가 세파르딤이었으며, 바로 이들이 사탕수수 생산 방법을 신세계에 보급한 주인공이었다.

이처럼 신세계는 사탕수수 재배에 열을 올려 설탕을 대량 생산하며 '설탕 왕국'으로 거듭났다. 흑인 노예가 서아프리카에서, 세파르딤이 스페인과 이베리아반도에서 건너와 정착하며 신세계는 '설탕 혁명'의 무대가 되었다. 사탕수수 재배 방법을 신세계 각지에 전파한 이들은 세파르딤이었고, 실제로 재배에 종사한 이들은 흑인 노예였다. 세파르딤과 흑인 노예는 갑과 을로 신분이 달랐지만, 모두 고국에서 멀리 떠나와 설탕 혁명에 한몫을 담당했다는 데에서 공통점을 찾을 수 있다. 세파르딤과 흑인 노예라는 두 요소 중 하나만 빠졌어도 설탕 생산량이 늘어나 유럽이 풍요로워지는 역사는 없었으리라.

III

'이민'이 유럽의
번영을 가져왔을까?

10

아르메니아인으로
본 산업혁명

아르메니아 상인의 네트워크

아르메니아왕국은 301년 세계 최초로 기독교를
국교로 선포했다. 오늘날 구소련의 아르메니아Armenia와
달리 아르메니아왕국은 소아시아에서 이란에 걸친 광대
한 영토를 자랑하던 나라로, 아르메니아정교회를 창립하
고 중동 지역에서 독자적인 문화를 이룩했다.

아르메니아인의 영역은 기본적으로 아시아에서
유럽으로 이동할 때 반드시 지나야 하는 길목, 즉 교통의

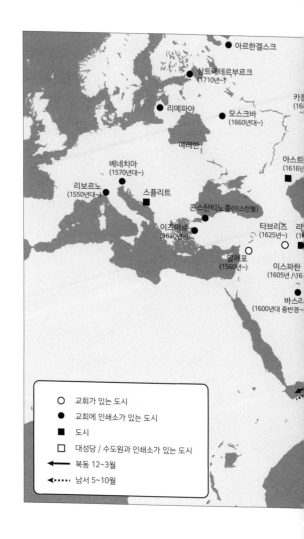

아르한겔스크

상트페테르부르크
(1710년~)

카스
(16

리예파야

모스크바
(1660년대~)

예레반

아스트
(1616년

베네치아
(1570년대~)

리보르노
(1550년대~)

스플리트

콘스탄티노플(이스탄불)

타브리즈
(1625년~)

라
(1

이즈미르
(1630년~)

알레포
(1560년~)

이스파한
(1605년 /\16

바스라
(1600년대 중반경~)

○ 교회가 있는 도시

● 교회에 인쇄소가 있는 도시

■ 도시

□ 대성당 / 수도원과 인쇄소가 있는 도시

← 북동 12~3월

◄···· 남서 5~10월

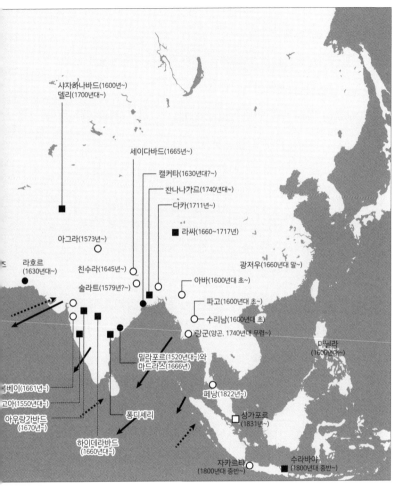

샤자하나바드(1600년~)
델리(1700년대~)

세이다바드(1665년~)

캘커타(1630년대?~)

잔나나가르(1740년대~)

다카(1711년~)

■ 라싸(1660~1717년)

아그라(1573년~) ○

광저우(1660년대 말~)

라호르
(1630년대~) ●

친수라(1645년~) ○

술라트(1579?~) ○

아바(1600년대 초~) ○

파고(1600년대 초~) ○

수리남(1600년대 초~) ○

랑군(양곤, 1740년대 무렵~) ○

마닐라
(1600년대~)

밀라포르(1520년대~)와
마드라스(1666년)

붐베이(1661년~)

고아(1550년대~)

아우랑가바드
(1670년~)

퐁디셰리

하이데라바드
(1660년대~)

페낭(1822년~)

싱가포르
(1831년~)

자카르타
(1800년대 중반~)

수라바야
(1800년대 중반~)

아르메니아인의 교역권과 거주지

Sebouh David Aslanian, 《From the Indian Ocean to the Mediterranean
: The Global Trade Networks of Armenian Merchants from New
Julfa》(University of California Press, 2011)를 바탕으로 작성

요충지에 걸쳐 있었다. 그 덕분에 아르메니아인은 다양한 언어를 이해할 수 있었고 통역으로도 활약했다. 그러나 교통의 요충지인 탓에 주기적으로 외침에 시달렸고, 때로는 나라를 잃기도 했다. 1606년 이란의 사파비왕조 Safavi 아바스 1세가 신新줄파Julfa. 아르메니아인 거주지구를 건설하자 15만 명 이상의 아르메니아인이 이주하며 본거지를 회복했다.

이미 이 시기에 아르메니아인은 유라시아 대륙 곳곳에서 상업에 종사했다. 그들의 거주지는 중동을 중심으로 유럽에까지 이르렀다.

16세기 아르메니아인은 비단 무역 상인으로 유명했다. 16~17세기 이란은 생사의 주요 산지로, 유럽인이 소비하는 비단의 80퍼센트는 이란에서 수입한 것이다. 이란이 비단과 맞바꿔 수입한 상품은 바로 은으로, 아르메니아인은 비단과 은 수송을 모두 담당하며 비단과 은 교환을 주요 상업 활동으로 삼았다. 만약 유럽까지 퍼져나간 아르메니아인 네트워크가 없었더라면 비단과 은 교환은 훨씬 소규모에 그쳤으리라.

이란에서 아르메니아인의 상업 네트워크와 상업 지식은 필수적인 자산이었다. 이란뿐 아니라 근세에도 유라시아 대륙에서 어느 정도 대규모 상거래를 하려면 아르메니아인 상인 네트워크를 통하지 않고는 장사를 할 수 없을 정도였다.

실제로 이란은 유럽뿐 아니라 러시아와 오스만제국 그리고 인도로도 비단을 수출했는데, 그 운송도 아르메니아인이 맡았다. 17세기 말까지 러시아 경로만으로도 상당한 양의 비단을 수출했고, 1700년에는 10만 킬로그램에 달하는 비단을 수출했다고 추측된다.

유라시아 대륙에서 아르메니아인의 활약

아르메니아인은 인도에서도 영국, 사파비왕조, 북인도 무굴제국의 외교·금융 교섭에서 중요한 역할을 담당했고, 이는 18세기까지 이어졌다. 바스쿠 다가마가 인도에 도착하고 16세기 이후 인도양이 포르투갈의 바다가 되면서 육상 교역이 사양길에 접어들었다는 인식이 있는데, 현실에서는 여전히 아르메니아인을 중심으로 한 육상 교역이 활발하게 이루어졌다.

예를 들어 영국 동인도회사는 아르메니아인과 파

트너십을 체결하고 페르시아와 교역했다. 현지 언어와 습관, 당국 사정에 정통한 아르메니아인을 활용한 것이다. 또 영국 동인도회사는 아르메니아인을 통해 동남아시아 무역에 나섰다. 아르메니아인은 육로 교역에 종사했다고 알려졌지만, 이처럼 해상무역에 관여하기도 했다. 아르메니아인 네트워크는 유라시아 대륙에 닿지 않는 곳이 없을 정도로 방대했다.

인도는 17~18세기 국제무역에서 더욱 중요한 거점의 하나로 떠올랐다. 인도의 섬유 제품과 생사는 세계 시장에서 품질이 좋고 저렴하기로 소문났기 때문이다. 인도산 섬유는 기계가 아닌 손으로 짰다. 인도는 각 마을에서 독자적인 면직물 제품을 만들어 특정 시장에 팔았다. 아시아와 유럽의 여러 지역에서 다양한 상품을 찾아 인도로 향했다.

아르메니아인은 무굴제국의 아크바르대제Akbar, 재위 1556~1605년 시대에 인도로 편입되었다. 이스파한 Isfahān의 한 지구에 있던 줄파 상인아르메니아인 상인이 17세기 초반에 인도에서 가장 풍요로웠던 벵골에 정착했다. 이후 벵골은 아르메니아인의 중요한 상업 거점이 되었고, 그들은 이 지역을 근거지로 삼아 네덜란드 동인도회사와 통상 분야에서 경쟁했다.

특히 동남아시아, 필리핀의 마닐라, 멕시코의 아카풀코Acapulco와 거래하는 아르메니아 상인은 마드라스Madras. 오늘날 첸나이Chennai를 거점 도시로 삼았다. 마드라스는 인도양의 아르메니아인 상인 무역 네트워크의 중심축을 담당했다.

17세기 말에는 아르메니아인이 무굴제국 궁정에서 상업 대리인으로 모습을 드러냈다. 아르메니아인은 무굴제국을 위해 상업 활동을 대행했다.

아르메니아인 공동체는 인도 아그라Agra에서 교회와 대상을 위한 숙박 시설을 소유했다. 이후 마드라스, 캘커타Calcutta. 오늘날 콜카타Kolkata와 봄베이Bombay. 오늘날 뭄바이Mumbai, 그리고 18세기에는 캘리컷에까지 발을 넓혔다. 티베트에서는 귀금속과 중국의 금을 인도의 섬유 제품 및 진주와 교환했을 뿐 아니라, 아르메니아인 공동체까지 존재했다.

아르메니아인은 유라시아 대륙의 여러 지역으로 이동했고 상업 활동에 종사했다. 영국, 네덜란드의 동인도회사와 모두 거래했는데, 아르메니아인 네트워크가 없었더라면 두 나라의 동인도회사 모두 아시아에서 상업

활동을 펼치지 못했으리라. 우리는 역사를 볼 때 아르메
니아인이 맡았던 역할을 놓치는 경향이 있다.

면은 어떻게 거래되었나?

앞에서 살펴보았듯 아르메니아인은 인도 교역에
깊숙이 관여했고, 당연히 인도 최대 수출품 중 하나인 면
에도 손을 댔다.

면의 원산지는 기원전 28세기경 인도 서부로 추
정한다. 면 재배지의 확산은 더뎠고, 면화 재배지는 지
금으로부터 약 1,000년 전 동남아시아와 아프리카, 유럽
일부에 국한되었다. 그래서 19세기에 이르기까지 인도
는 면 수출 지역으로서의 지위를 유지할 수 있었다.

인도 면직물, 특히 인도산 평직 면섬유인 캘리코
Calico, 옥양목는 피부에 닿는 감촉이 좋고 비교적 저렴해
시장에서 엄청난 인기를 끌었다. 16세기 오스만제국이
모조 제품을 생산하는 캘리코 날염 공업을 발전시킨 사
실은 그다지 이상하지 않다.

1634년에는 오스만제국의 수도 이스탄불에 25개

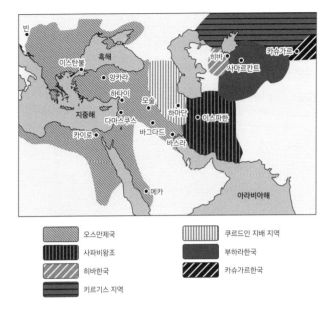

빈

이스탄불   흑해

앙카라

하타이

지중해   모술

다마스쿠스   하마단

카이로   바그다드

바스라

메카   아라비아해

히바   카슈가르

사마르칸트

이스파한

	오스만제국		쿠르드인 지배 지역
	사파비왕조		부하라한국
	히바한국		카슈가르한국
	키르기스 지역		

이란·오스만제국 지도

의 공장이 있었다. 염색이 빠지지 않는 경사更紗, chintz 즉 자잘한 무늬를 날염한 면직물 생산에 특화된 곳으로 150명의 노동자를 고용했는데, 소유주는 아나톨리아Anatolia 북부의 토카트Tokat와 시바스Sivas 출신 아르메니아인이었다.

  유럽인, 특히 프랑스 소비자에게는 오스만제국에

서 날염 작업을 거친 이 면직물의 인지도가 높았다. 프랑
스 지중해 연안 도시 마르세유는 17~18세기에 오스만
제국에서 건너온 날염 면직물의 중요한 수입 지역으로
알려졌다. 이 면직물은 인도와 이란산페르시아산뿐 아니라
아나톨리아 남부 디야르바키르Diyarbakir와 시리아 북부
알레포Aleppo 같은 곳에서 주로 날염 공정을 거쳤다.

장인으로서의 아르메니아인

아르메니아인은 인도에서 거래하며 면직물 제조
법에 관한 지식과 경험을 풍부하게 축적해 오스만제국의
몇몇 지역에서 날염 공업을 주도했다.

아르메니아인의 거래망 또한 광범위하게 펼쳐져
있었다. 1605년 사파비왕조의 줄파가 파괴되었을 때, 아
르메니아인은 메소포타미아, 인도, 인도네시아뿐 아니라
이탈리아의 베네치아와 리보르노Livorno, 네덜란드의 암스
테르담으로 이주했다. 이주자들이 구축한, 아시아에서 유
럽에 이르는 네트워크 덕분에 아르메니아인은 면직물 무
역에서 탁월한 우위를 차지할 수 있었다. 이후 유럽에서

도 마르세유, 제노바, 암스테르담에서 면 날염이 크게 발전하는데, 초기에 아르메니아인 장인이 대활약을 펼쳤다.

1672년 아르메니아인 두 명이 마르세유에 '레반트와 페르시아와 같은 캘리코 색채'를 위한 최초의 공장을 건설하고 지역 상인과 파트너십을 체결했다. 1678년에는 첼레비Chelebi 출신 아르메니아인이 암스테르담 상인 두 명과 함께 네덜란드 아메르스포르트Amersfoort에 캘리코 날염 공장을 설립했다. 1690년에는 이탈리아 도시 제노바에서도 캘리코 날염을 도입했고, 아르메니아인 장인은 10년 동안 독점 활동을 허가받았다.

아르메니아인 숙련공이 캘리코 날염 공장을 세운 장소는 이탈리아 제노바와 리보르노, 프랑스 마르세유와 낭트Nantes, 르아브르Le Havre, 네덜란드 암스테르담 같은 유럽 대도시로, 모두 아르메니아인의 광범위한 금융·무역 네트워크의 일부였다. 따라서 유럽인이 차츰 아르메니아인에게 날염 기술을 배워 유럽 여기저기에 날염 공장을 세웠다고 어렵지 않게 추측할 수 있다. 유럽인은 아르메니아인이 운영하던 기존의 소규모 공방과 달리, 수백 명의 노동자가 일하는 거대한 날염 공장을 건설했다. 거대한 공장을 세워 날염 비용을 크게 절감한 덕분에 프

랑스 루앙 등 몇몇 유럽 도시는 캘리코 날염의 중심지로
크게 발전했다.

아르메니아인이 운영하는 공장은 유럽인의 공장
과 비교하면 훨씬 작았고, 대규모 인원을 고용하지도 않
았다. 날염 작업에 공장 제도를 활용하게 된 시점에서 유
럽인은 아르메니아인과 규모가 다른 날염 산업을 확립하
는 데 성공했다.

유럽인은 무엇을 얻었나?

이 시기에 일어난 또 하나의 중요한 사건은 산업
혁명이었다. 산업혁명은 18세기 후반 잉글랜드 북서부
도시 맨체스터Manchester에서 시작되었다. 신세계에서 면
화를 수입해 맨체스터에서 완성품 면직물로 가공하는 형
태의 산업이 발전했기 때문이다.

영국 산업혁명은 인도에서 수입한 수제 캘리코에
대항하기 위해 기계화를 도입한 대체 산업이라는 일반론
이 널리 알려져 있다. 그러나 이 가설에는 기본적으로 두
가지 오류가 있다.

첫째, 맨체스터의 면직물은 장기간에 걸친 리넨과 혼방으로, 완전한 면직물이 되려면 상당한 시간이 필요했다. 즉 맨체스터 면직물이 곧바로 인도 수제 캘리코를 대체하지는 못했다.

둘째, 맨체스터 면공업의 경쟁 상대는 인도가 아니라 독일, 프랑스, 러시아, 네덜란드 등이었다.

적어도 18세기 초에는 소설 《로빈슨 크루소》로 유명한 대니얼 디포Daniel Defoe가 "유럽 어디를 가도 …… 영국인만큼 리넨을 대량으로 착용하고 소비하는 국민은 없다"라고 말할 정도로 영국인은 리넨을 애용했다. 그러나 리넨은 정치적으로 적국이었던 중앙 유럽에서 수입해야 했다.

교과서에서 배운 지식으로는 영국 산업혁명은 직조와 방적 과정의 혁명이다. 1733년 존 케이John Kay가 발명한 플라잉셔틀로 직조기 성능이 급속히 향상되었고, 제임스 하그리브스James Hargreaves와 리처드 아크라이트Richard Arkwright의 방적기로 방적 수준도 급속히 높아졌다.

이러한 관점에는 날염 기술의 중요성이 빠져 있다. 면직물도 직물인지라 기계로 짠 천을 염색해야 한다.

옛날에는 직물을 사람의 손으로 염색했고, 주로 식물과 곤충을 염료의 재료로 사용했다. 직조와 방적 기술은 본래 유럽에도 있었지만, 날염 기술은 대부분 아르메니아인에게서 비롯되었다.

유럽인은 아르메니아인에게 날염 기술을 배우는 과정에서 공정의 기계화에 성공했다. 이는 구텐베르크 Johannes Gutenberg가 발명한 인쇄 기술을 날염 공정으로 전환함으로써 가능해진 것이다. 날염을 영어로 'print'라고 하니, 글자 그대로 인쇄 기술이다. 면직물은 패션 제품이므로, 매력적인 색채를 최대한 자아내 판매해야 하기 때문에 날염 공정이 매우 중요하다. 산업혁명은 직조와 방적뿐 아니라 이 날염 기술의 기계화에 성공한, 말 그대로 '혁명적' 사건이었다.

유럽은 이 시점에 아르메니아인에게 의존하던 관습에서 완전히 벗어났다. 산업혁명은 '탈脫인도'뿐 아니라 '탈脫아르메니아'의 과정이기도 했다. 이렇게 영국은 세계 최초로 산업혁명을 완수한 국가로서 역사에 이름을 남겼고, 그 그늘에는 아르메니아인이라는 '이민자'의 존재가 짙게 드리워 있었다.

11

대영제국으로
퍼져 나간
스코틀랜드인

대영제국의 복잡한 성립 과정

산업혁명을 성공적으로 완수하고 세계 최초의 공업국가로 거듭난 나라는 영국이었다. 우리는 뭉뚱그려 '영국'이라 부르지만, 영국이라는 나라의 체제는 매우 복잡하다. 오늘날 영국의 정식 명칭은 'United Kingdom of Great Britain and Northern Ireland'로, '그레이트 브리튼 및 북아일랜드 연합왕국' 정도로 풀어 쓸 수 있다.

영국 국기는 유니언잭Union Jack 또는 유니언플래 그 Union Flag로 널리 알려져 있는데, 이 국기가 타협의 산물이라는 사실은 잘 알려지지 않았다.

초대 유니언잭은 1603년 잉글랜드 여왕 엘리자베스 1세가 세상을 떠나고 스코틀랜드 왕 제임스 6세 잉글랜드의 제임스 1세가 왕위에 올랐을 때 만들어졌다. 말하자면 잉글랜드와 스코틀랜드의 동군연합 同君聯合, Personal Union, 독립한 두 개 이상의 국가가 같은 군주를 모시는 정치 형태 – 옮긴이 시절 국기로, 양국 국기의 특징을 그대로 합쳐 만들었다.

유니언잭

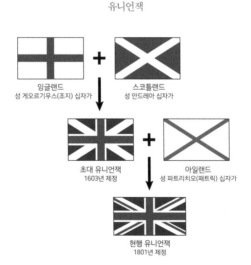

잉글랜드
성 게오르기우스(조지) 십자가

스코틀랜드
성 안드레아 십자가

초대 유니언잭
1603년 제정

아일랜드
성 파트리치오(패트릭) 십자가

현행 유니언잭
1801년 제정

그러나 이 '동군연합'은 1707년 영국이 스코틀랜드를 통합하며 해체되었다. 우리가 알고 있는 현재의 유니언잭은, 영국이 1801년 아일랜드를 병합하여 초대 유니언잭에 아일랜드 국기의 특징이 더해지면서 성립했다.

이와 같은 특징은 국기 외의 곳에서도 나타난다. 영국의 왕세자는 '프린스 오브 웨일스Prince of Wales'라 부르는데, 쉽게 말해 '웨일스의 왕자'라는 뜻이다. 그런데 웨일스 왕자를 자칭하는 인물이 스코틀랜드 전통 문양인 타탄체크를 걸친다는 사실은 잉글랜드가 병합한 타국을 어떻게든 회유하려던 역사를 방증한다. 영국이란 잉글랜드를 중심으로 한 다른 국가들 정확하게는 이전에 국가였던 지역이 통합된 복합국가다.

역사학에서는 이러한 복합국가를 근세의 특징으로 간주한다. 그러나 현실에서는 오늘날에도 유럽의 많은 국가가 기본적으로 복합국가 형태를 유지하고 있다. 대표적인 사례로 영국을 들 수 있다.

이러한 관점에서 바라보면 2016년 국민투표로 결정한 브렉시트Brexit의 의미가 이해된다. 브렉시트란 '영국의 유럽연합EU 탈퇴'를 뜻하는 단어다. 그런데 실제로 EU에서 탈퇴하고 싶었던 나라는 잉글랜드이고, 스코틀랜드와 웨일스는 탈퇴를 원하지 않았다. 스코틀랜드 등은 EU에 남고 싶다는 의사를 표명했다. 이처럼 영국의 내적 유대는 절대 견고하지 않다. 영국은 서서히 분열 중인 나라라고 할 수 있다.

영국이 어쨌든 하나의 국가로 존재할 수 있었던 것은 세계를 아우르는 대제국을 형성했기 때문이다. 스코틀랜드도 아일랜드도 어느 정도 대영제국의 일원으로 혜택을 누렸고, 그래서 영국이라는 나라를 지금까지 유지할 수 있었다. 과거 식민지와의 유대가 느슨해지는 와중에도 잉글랜드는 아직도 대제국의 환상에서 벗어나지 못하고 있다.

이는 비단 영국만의 문제가 아니다. 영국에서 유독 눈에 띄게 나타날 따름이다. 잉글랜드와 스코틀랜드의 관계는 유럽 각국의 주요 지역과 주변 지역의 관계에서도 찾아볼 수 있다.

이주하는 스코틀랜드인

일반적으로 스코틀랜드인은 1707년 잉글랜드와

의 연합Union으로 해외 이주를 하게 되었다고 알려져 있다. 그러나 실제로 스코틀랜드는 연합 이전부터 그야말로 이민의 나라였다.

대표적인 스코틀랜드 역사가 스마우트Thomas Christopher Smout에 따르면 17세기 스코틀랜드의 인구는 100만 명 정도에 불과했는데, 타국으로 건너간 이민은 1세기 동안 총 20만 명에 달했다고 한다. 특히 청년층이 잉글랜드나 유럽 대륙의 여러 국가로 빠져나가, 17세기 초 수십 년 사이에만 3~4만 명의 스코틀랜드인이 해외로 이주했다. 다른 통계에서는 1600~1650년 스코틀랜드에 사는 스코틀랜드인의 수가 매년 2,000명씩 감소했다.

스코틀랜드인은 뛰어난 군인이었기에 주로 타국에 용병으로 고용되었으며, 17세기에도 네덜란드 군인으로 활약했다. 네덜란드 국교가 신교인 칼뱅파였으므로, 같은 칼뱅파 장로교인 스코틀랜드 교회와 친화성이 있어 네덜란드행을 택한 것이다. 로테르담에는 아예 스코틀랜드인을 위한 교회까지 세울 정도였다.

1618~1648년의 30년전쟁에서도 스코틀랜드인이 군인으로 활약했다. 브리튼제도에서 약 11만 명이 이 전쟁에 참전했는데, 그중 줄잡아 6만 명을 스코틀랜드인

으로 추정한다. 스코틀랜드인은 특히 신교도 국가인 노르웨이, 덴마크, 스웨덴 군대에서 활약했다. 북유럽 군대에서 이들은 약방의 감초 같은 존재였다. 스코틀랜드인은 용병 외에도 상인으로 활약을 했고, 이미 1620년대부터 덴마크와 발트해 주변 국가로 이주했다.

　　스코틀랜드라는 나라는 본래 농업 생산성이 매우 낮았다. 이민으로 빠져나가는 인구는 먹여야 할 입을 줄여주었고, 그 덕분에 인구가 과도하게 늘어나지 않아 심각한 식량 부족 문제를 막았다는 견해도 있다. 스코틀랜드에서는 기아와 종교분쟁이 모두 발생했으나, 이민으로 인구가 유출되었기에 기아의 규모가 작았고 분쟁의 씨앗도 국외로 향해 사회 혼란을 최소한으로 억제할 수 있었다. 쉽게 말해 이민자 유출이 사회의 안전장치 역할을 했던 셈이다.

　　스코틀랜드인은 해외에서 사업 활동에 참여하면 국내에 머물 때보다 더 큰 이익을 얻을 가능성이 있었으므로 이민 행렬에 동참했다. 해외에는 스코틀랜드인 공동체가 있었고, 동포가 모인 해외 공동체에 가면 적은 리스크로 상업에 종사할 수 있었다.

　　그러나 잉글랜드와의 연합으로 기존의 이주 유형

에 큰 변화가 나타났다. 연합 이전에는 잉글랜드의 동향과 거의 무관하게 이주했는데, 연합 이후에는 대영제국이 형성되면서 잉글랜드와의 관계가 이민의 풍향계 역할을 하게 되었다.

유럽에서 미국으로의 이민

잉글랜드는 17세기 초 아메리카 대륙, 즉 오늘날 미국에 진출했다. 초기 이민자로는 1620년 현재의 매사추세츠주 플리머스Plymouth에 도착한 메이플라워호 승객들이 유명하다. 이들은 당시 잉글랜드에서 종교적으로 박해받던 청교도로, 신앙의 자유를 찾아 새로운 세상으로 향했다. 그래서 이들의 이름을 순례자의 아버지를 뜻하는 '필그림 파더스Pilgrim Fathers'로 붙였다.

미국은 필그림 파더스의 뒤를 이어 잉글랜드에서 청교도가 대규모로 이주하며 청교도의 나라가 되었다. 미국으로 건너간 이들 중에는 청교도가 아닌 빈민도 섞여 있었다. 미리 일할 햇수를 계약하고 일을 시작하는 고용살이 백인으로, 요즘 식으로 말하면 저임금 계약직 노

메이플라워호

동자였다.

　당시 스코틀랜드에서도 뉴저지주 동부와 캐롤라이나주를 합쳐 약 7,000명이 이주했다고 추측한다. 특히 롤런드 지방Lowlands. 스코틀랜드 중부 저지대에서 이주자가 많았는데, 대부분 1660년 이후에 대서양을 건넜다.

　17세기 동안 영국 전체에서 25만 명이 미국으로 이주했는데, 7,000명이었던 스코틀랜드인은 이 시점에는 소수파였다. 그들은 잉글랜드인, 웨일스인, 아일랜드인과 마찬가지로 플랜테이션 농장의 노동자가 되어 담배, 쌀, 직물의 염료, 설탕 생산에 종사했다.

이와 같은 상황은 18세기에 들어서면서 크게 변화한다. 아래 표는 1701~1780년 브리튼제도에서 미국으로 건너간 이민자 수를 나타낸다. 아일랜드 이민자 가 놀라울 정도로 많은데, 여기서는 직접적으로 관계가 없으므로 다루지 않는다. 잉글랜드, 웨일스와 비교해 인구가 적은 스코틀랜드1750년 시점의 잉글랜드 인구는 스코틀랜드보다 다섯 배나 많았다에서 온 이민자가 많다는 사실에 집중해서 살펴보자.

브리튼제도에서 미국으로 건너간 이민자 수
1701~1780년 (단위 : 1,000명)

잉글랜드·웨일스		80
스코틀랜드	롤런드 지방 60	80
	하일랜드 지방 20	
아일랜드	얼스터 70	115
	남부 45	
합계		275

T. M. Devine, 《Scotland's Empire : The Origins of the Global Diaspora》(Penguin books, 2004)

스코틀랜드 중에서는 롤런드 지방에서 미국으로 이주한 사람의 비율이 높았다. 그들은 소작농, 계약직 노동자, 직공, 장인, 농업 노동자 그리고 하일랜드 지방Highlands. 인버네스Inverness를 중심으로 한 스코틀랜드 북부의 고지대 - 옮긴이 의 소작인 등이었다. 소수지만 명예혁명으로 프랑스에 망명한 가톨릭 신자 제임스 2세의 자손을 정당한 왕위 계승자로 보는 1715~1746년의 자코바이트 반란Jacobite Risings으로 체포된 죄수를 유배지인 미국으로 보내기도 했다.

유배형을 받은 죄수와는 별개로, 대다수 이민자는 자유의지로 더 풍요로운 생활을 찾아 미국행 배에 올랐다. 쉽게 말해 자기 땅을 소유하고 더 높은 임금을 받는 일자리, 영국에서는 잡을 수 없는 기회를 잡기 위해 아메리칸드림을 꿈꾸며 미국으로 떠났다.

물론 다른 유럽 국가 출신의 이민자도 대거 몰려들었다. 1700~1770년대에는 11만 명의 독일인 이민자 집단이 뉴잉글랜드, 캐롤라이나주, 메릴랜드주, 버지니아주, 그리고 캐나다의 노바스코샤주Nova Scotia로 이주했다.

또 1760년까지 약 17만 5,000명의 흑인 노예가 미국으로 끌려와 플랜테이션 농장에서 노역했다. 흑인 노예는 버지니아주에서만 인구의 40퍼센트를 차지했다. 7년전쟁1756~1763년과 미국독립전쟁1775년이 일어나는 동안에 다시 8만 4,000명의 흑인 노예가 영국령 북미 식민지에 도착했다.

영국령 미국에서도 인구 구성은 다양했다. 스코틀랜드인은 영국령 미국에서 한 축을 차지할 정도로 대규모 이민 행렬을 이어나갔다.

스코틀랜드인이 맡았던 역할

1775년 이전의 스코틀랜드인은 뉴욕주와 황무지가 많았던 노스캐롤라이나주 그리고 버지니아주로 이주하는 경우가 많았다. 워낙 많은 스코틀랜드인이 노스캐롤라이나주로 이주하다 보니 아예 '뉴스코틀랜드New Scotland'라는 별명이 붙을 정도였다. 그러나 스코틀랜드인은 한곳에 모여 살기보다 미국 전체로 퍼져 나가는 경향이 두드러졌다.

스코틀랜드인의 이러한 이주 경향에는 미합중국 탄생 이후의 변화가 나타난다. 176쪽의 표를 보면, 1790

년에는 남부에 있는 스코틀랜드인의 비율이 높다. 담배
와 설탕 플랜테이션 농장에서 노동자노예가 아닌로 일하는

미합중국의 스코틀랜드 출신 이민자(1790년)

지역과 주		인구	스코틀랜드 인구 비율(%)
뉴잉글랜드	메인주	4,325	4.47
	뉴햄프셔주	8,749	4.5
	버몬트주	4,339	5.1
	매사추세츠주	16,420	4.4
	롱아일랜드주	3,751	5.8
	코네티컷주	5,109	2.2
대서양 중부	뉴욕주	22,006	7.0
	뉴저지주	13,087	7.7
	펜실베이니아주	36,410	8.6
	델라웨어주	3,705	8.0
남부	메릴랜드주	15,857	7.6
	버지니아주	45,096	10.2
	노스캐롤라이나주	42,799	14.8
	사우스캐롤라이나주	21,167	15.1
	조지아주	8,197	15.5

《Scotland's Empire : The Origins of the Global Diaspora》

사람이 많았기 때문으로 추정할 수 있다.

스코틀랜드인은 미국뿐 아니라 캐나다로도 대거 이주했는데, 인구에서 차지하는 비중이 잉글랜드인과 프랑스인의 뒤를 이을 만큼 높았다. 스코틀랜드인의 캐나다 이주는 19~20세기에 들어서도 증가하는 경향을 보였다. 미국독립전쟁을 종결한 1783년의 파리조약 이후에는 하일랜드 지방에서 오는 이민이 늘었고, 1815년에는 1만 5,000명에 달했다.

이렇게 보면 대영제국이 영토 확장과 수정을 거듭하는 과정에서 스코틀랜드인이 미국과 캐나다 등 북미 지역으로 이주했음을 알 수 있다. 이는 잉글랜드와의 연합 전에는 보이지 않던 경향이다.

스코틀랜드인은 북미에 그치지 않고 대영제국의 식민지 곳곳으로 이주했다. 인도에서는 영국 동인도회사의 장인으로 일했고, 아시아 내부 무역으로 거액의 이익을 챙겼다. 또 호주와 뉴질랜드 식민지로도 이주했다. 스코틀랜드인 없는 식민지가 없을 만큼 곳곳으로 이주했기에, 역사가 디바인Thomas Martin Devine은 "대영제국이란 스코틀랜드인의 제국이었다"라고 주장할 정도였다.

물론 스코틀랜드인은 산업혁명이 진행되던 과정

에서 잉글랜드로도 이주했다. 기업가 정신이 풍부한 그
들은 스코틀랜드에 머물지 않고 영국 산업혁명에도 이바지
했다. 예를 들어 증기기관 개량으로 유명한 제임스 와트
James Watt는 스코틀랜드 글래스고Glasgow 근처의 그리녹
Greenock 출신이다. 스코틀랜드 대학은 잉글랜드 대학보
다 실용적인 경향이 강해 산업혁명에 더 적합한 강의를
진행했다. 와트가 증기기관 개량에 성공한 요인은 대학
교육에서 찾을 수 있다.

스코틀랜드인은 기업가가 많았던 데 반해 아일랜
드인은 노동자가 많았다. 스코틀랜드인 기업가와 더불어
아일랜드인 노동자가 영국 산업혁명 성공에 힘을 보탰다
는 사실을 기억하자.

대영제국 붕괴에서 무엇이 일어났나?

스코틀랜드인 기업가가 많다고 해도 전체적으로
보면 일부에 불과했고, 영국 안에서는 사회적 지위가 상
승할 수 있는 기회를 잡기 어려웠다. 실제로 영국에서는
국교인 성공회 신자만 공직에 취임할 수 있었으나 스코

틀랜드인 대다수는 장로교에 속했고, 스코틀랜드인이라는 이유만으로 천대와 괄시를 받기도 했다.

　이러한 사회적 차별을 극복하기 위해, 또 높은 보수를 받기 위해 스코틀랜드인은 대영제국 안팎의 다양한 지역으로 이주했다. 미국, 캐나다, 인도에서는 영국 동인도회사 직원이 되었고, 호주와 뉴질랜드로까지 이주했다.

　잉글랜드와 통합한 1707년 이전부터 스코틀랜드인은 북해와 발트해 지방을 중심으로, 유럽 각지에 이민자를 내보냈다. 스코틀랜드 용병이 없었더라면 17세기 유럽 대륙의 전쟁은 계속되지 않았을 수도 있다.

　스코틀랜드가 영국으로 편입되자, 스코틀랜드인은 적극적으로 대영제국 식민지로 나가 영국인 이민자의 적지 않은 부분을 차지했다. 스코틀랜드는 여전히 가난한 나라였다. 따라서 세계 각지에 영국 식민지가 생기자 그곳으로 이주해 더 나은 삶을 선택하는 사람이 많았다. 스코틀랜드는 대영제국을 영리하게 이용해 이익을 챙길 줄 알았다.

　대영제국이 붕괴한 지금은 스코틀랜드인이 잉글랜드인과 손잡고 영국이라는 나라를 형성할 이점은 줄어들었다. 스코틀랜드는 유럽 대륙과의 연계를 강화하는 편이 오히려 이득이다. 이러한 구조는 특히 영국에서 두드러지는데, 다른 유럽 국가에도 어느 정도 해당된다. 특히 제국주의 정책을 취하며 식민지를 보유한 나라들은 국내 소수민족에게 이익을 배분함으로써 국가를 통일했다.

그러나 더는 나눠 줄 몫이 없어지자 소수민족이 독립 움직임을 내비치기 시작했다. 스페인의 카탈루냐 Cataluña 독립운동도 그중 하나다. 현재 유럽이 안고 있는 온갖 문제의 뿌리는 모두 제국주의 국가의 붕괴에서 비롯된 셈이다.

12

유럽인은 왜
식민지로
건너갔을까?

세계화의 시대

세계화는 글자 그대로 '세계가 하나가 된다'는 의미다. 세계화가 언제 시작되었는지는 명확히 말하기 어려우나, '세계경제가 하나가 된다'는 의미에서의 세계화의 기원은 19세기에서 찾을 수 있다. 19세기 유럽은 세계 곳곳에 식민지를 보유했고, 전 세계의 운송망을 지배했기 때문이다. 그 중심은 영국이었다. 본국과 식민지가 탄탄하게 연계되어 세계는 급속도로 좁아졌다.

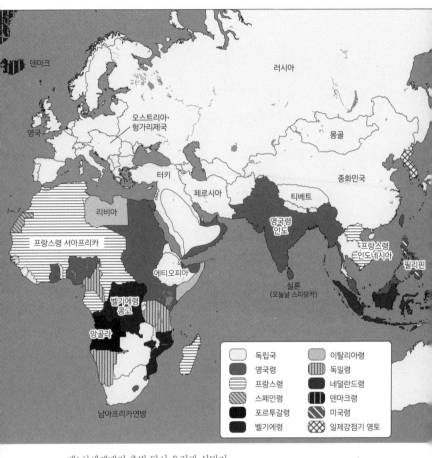

독립국		이탈리아령
영국령		독일령
프랑스령		네덜란드령
스페인령		덴마크령
포르투갈령		미국령
벨기에령		일제강점기 영토

제1차세계대전 촉발 당시 유럽과 식민지

19세기 세계화에 관한 가장 영향력 있는 저서인 《세계화와 역사Globalization and History》의 공동 저자 케빈 오루크Kevin H. O'Rourke와 제프리 윌리엄슨Jeffrey G. Williamson은 개방경제영국 주도의 자유무역와 그에 동반된 대규모 이민이 세계화의 주요 원인이라고 주장한다.

왼쪽 지도는 1913년의 유럽과 식민지를 보여준다. 유럽이 어느 정도로 세계를 강력하게 지배했는지 이 지도를 보면 이해할 수 있다.

유럽이 지배하는 세계는 19세기 동안 크게 확장됐다. 당시 유럽은 산업혁명이 한창 진행 중이었다. 식민지는 원료 형태로 거래되는 1차상품의 수출 지역이 되었고, 유럽 선박으로 원재료를 수출했다. 그 원재료를 유럽에서 공업 제품으로 가공해 다시 식민지에 판매했다. 생산 비용을 줄이기 위해 해외에 공장을 건설하는 오늘날과 달리, 당시에는 식민지에 공장을 세우지 않았다. 식민지는 1차상품을 공급하는 위치에만 머물렀고, 그저 유럽이 상품을 내다 파는 시장으로만 치부되었다.

유럽과 식민지는 철저한 갑을관계였다. 유럽인은 통치를 위해, 그리고 경제활동에서 이익을 얻기 위해 식민지에 머물렀다.

또 19세기까지 유럽인은 더 높은 임금을 찾아, 독립한 미국을 비롯해 멕시코와 브라질, 아르헨티나 등 남북아메리카 대륙의 국가들로 이주했다. 증기선의 등장으로 가능해진 것이다. 범선에서 증기선으로 이동 수단이 변화하고, 증기 엔진을 개량하여 수송 효율을 높이는 방법이 도입되며 이 시기에 급속히 발전했다.

교통과 통신의 발전은 세계 상품의 가격 격차에 뚜렷한 충격을 남겼다. 예를 들어 영국 리버풀Liverpool과 인도 봄베이 사이의 면 가격 차이는 1857년 57퍼센트에서 1913년 20퍼센트로 크게 좁혀졌다. 같은 시기, 런던과 캘커타 사이의 황마黃麻 가격 차이도 30퍼센트에서 4퍼센트로 줄어들었다. 증기선과 철도의 발달로 운송비가 눈에 띄게 내려갔기 때문이다. 노동자도 신속하게 전 세계를 이동할 수 있게 되었다. 제국주의 시대에 유럽인은 주로 신세계에 대규모로 이주했다.

증기선의 발달

현재 연구에서는 18세기까지 유럽 선박 속도에는

큰 변화가 없었다고 보고 있다. 19세기 들어서야 가까스로 선박 속도를 높일 수 있었지만, 속도가 향상됐다고 해서 이전보다 확실하게 빨리 예정된 항구에 도착한다는 뜻은 아니었다. 범선은 바람의 방향과 날씨의 영향을 받기 쉬워, 설령 속도가 빨라졌다 해도 항해 시간이 일정하지 않고 들쭉날쭉했다.

그런데 증기선은 범선만큼 바람의 방향이나 날씨에 영향을 받지 않으므로 항해 신뢰성이 크게 향상되었다. 이 덕분에 증기선이 보급되면서 '예정대로, 시간표대로' 항해하는 '정기항로'가 늘어났고, 기술 발전으로 정기항로의 거리도 점점 길어졌다.

19세기 후반에는 원양항해에 범선보다 증기선을

최초로 승객을 태우고 시험 운항에 성공한 증기선 '클러먼트호'

자주 사용했다. 영국의 항구를 드나드는 영국 선적 배에서 증기선이 차지하는 비율은 1860년 30.1퍼센트, 1870년 53.2퍼센트, 1880년 74.9퍼센트, 1890년 90.8퍼센트로 급속히 높아졌다.

항해에 필요한 기간은 확실히 감소했다. 1820년대부터 1870년대에 걸쳐 브라질리우데자네이루과 영국팰머스 / 사우샘프턴 사이의 정보가 전달되는 속도의 변화를 비교하면, 1820년에는 62.2일이었지만 1872년에는 20일로 대폭 줄어들었다.

아시아에서도 마찬가지 현상이 일어났다. 중국 근대사 전문가인 마쓰우라 아키라松浦章 교수의 연구에 따르면, 19세기 초반에 영국 증기선이 상하이上海에 들어오면서 증기선은 아시아 바다의 대세로 자리 잡았다. 아편전쟁을 종결시킨 1842년 난징조약으로 광저우, 푸저우福州, 샤먼廈門, 닝보寧波, 상하이의 다섯 개 항구가 개항하자 정크선 사용은 더욱 감소했다. 중국과 태국 사이 무역에서도 증기선 사용이 증가했다. 정크선은 증기선과 비교하면 대개 소형이고, 범선이라 바람의 영향을 받기 쉬워 규칙적인 항해가 불가능했다.

청나라는 1872년 독자적으로 증기선 회사인 윤선

초상국輪船招商局을 만들었고, 일본은 1885년 일본우선회사日本郵船會社를 창설했다. 두 곳은 아시아 양대 증기선 회사로 발전해 서구 회사들과 경쟁했다.

중국에서는 마침내 상하이–항저우杭州를 운항하는 구식 민간 범선을 소형 증기선으로 대체했고, 내륙 하천에서도 증기선을 사용하기 시작했다. 운송량은 늘어났고, 운송 기간은 대폭 줄어들었다. 범선인 정크선은 여전히 존재했으나현재도 활약하고 있다 동아시아 물류의 판도를 뒤흔든 주역은 증기선이었다.

유럽인은 왜 신세계로 이주했나?

18세기 후반 영국에서 시작된 산업혁명은 19세기에 접어들면서 유럽 대륙 각국으로 파급되고, 다시 유럽에서 전 세계로 영향을 미치게 된다. 유럽에서는 산업이 발전하며 노동자의 활동 공간이 넓어지고 임금도 장기적으로 상승했다. 그러나 여전히 가난한 사람들이 있었고, 이들은 더 높은 임금을 찾아 신세계로 이주할 수밖에 없었다.

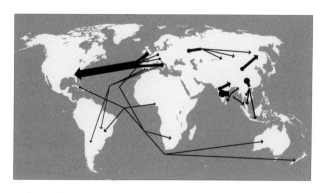

국제 노동력 이동의 주요 흐름
杉原薰,〈근대 세계 시스템과 인간의 이동(近代世界システムと人間の移動)〉
《《이와나미 강좌 세계 역사 19 이동과 이민(岩波講座 世界歷史19 移動と移
民)》, 岩波書店, 1999)을 바탕으로 작성

이 지도는 1820년부터 1940년까지 국제 노동력
이동의 주요 흐름을 보여준다. 지도에서 알 수 있듯, 유
럽에서 미국으로 가는 이민이 압도적으로 많았다.

통계에 따르면 1820년부터 1914년까지 6,000만
명 정도가 신세계로 건너갔다. 19세기 초에는 아직 자
유노동자의 이동이 적어, 그 수는 1820년대 연간 1만
5,380명에 불과했다. 반면 노예 수송은 6만 250명에 달
했다. 그런데 1840년대에는 자유노동자의 이동만 연간
17만 8,000명으로 늘어났다. 1846년부터 30년 동안 유

럽의 대륙 간 이민신세계로 특정하지 않고은 연평균 약 30만 명에 이르렀다.

이주노동자들은 더 높은 임금을 찾아 타향살이를 선택했다. 실제로 미국으로 이주한 아일랜드인, 이탈리아인, 노르웨이인의 임금은 각각 32퍼센트, 28퍼센트, 10퍼센트 상승했다.

1870~1910년 사이에는 국제적인 임금 격차가 28퍼센트로 줄어들었다. 만약 대규모 이민이 없었더라면 임금 격차는 1910년 단계에서 128퍼센트에 이르렀으리라는 추측도 있다. 1870~1910년 사이 실질임금의 격차가 줄어든 데에는 이민의 기여도가 높다.

신세계로 건너가는 이동 비용은 그보다 먼저 신세계로 건너간 이민자가 부담했다. 이미 신세계에 가 있던 이민자들이 지인의 이동 비용을 십시일반 보태주었고, 신세계에 관한 정보도 제공해주었다. 과거 이민이 현재의 이민을 촉진하는 이러한 시스템에 역사가는 '연쇄 이민chain migration'이라는 이름을 붙였다.

산업혁명의 진전으로 19세기 유럽은 확실히 풍요로워졌다. 그러나 그 영향은 한정된 범위에 머물렀다. 대규모 이민이 존재했다는 사실이 그 방증이다. 유럽의 공업화로 인한 혜택은 결코 유럽인 모두에게 골고루 돌아가지 않았다.

이 시기에는 노동자가 부족했던 미국에서 대규모 이민을 받아들인다. 임금이 오르는 만큼 노동자 수를 줄여 전체 임금을 상승시키지 않고 유지했던 유럽인에게 미국은 기회의 땅이었다. 이렇게 유럽은 이민자로 저임금 노동자를 해외로 내보내는 데 성공했고, 이주노동자를 대거 받아들인 남북아메리카, 특히 미국은 큰 이득을 얻었다.

참고로 유럽에서 건너온 이민자는 백인이었기에 금전적으로 혜택을 받았다. 그러나 아시아에서 넘어간 이민자는 유럽 백인만큼 혜택을 받지 못했다. 남북전쟁 종결로 흑인 노예가 해방된 1865년 이후에는 중국인을 저임금 노동자로 부렸고, 인도인 이민자도 늘어났다. 그들은 유럽에서 온 백인 이민자보다 저임금으로 일했기에 흑인 노예를 대신하는 소중한 노동력으로 취급받았다.

영국 국내에서 일어난 일

유럽인이 어떻게 미국을 비롯한 신세계로 이주했

는지 조금 더 구체적으로 살펴보자.

산업혁명을 한발 앞서 끝낸 영국은 19세기 동안 농업사회에서 공업사회로 변신했다. 그러나 공업화와 도시화를 이룬 사회에서도 여성이 취업할 수 있는 일자리는 많지 않았다. 식사와 잠자리를 제공받는 '여자 가정교사governess'는 중류계급 여성이 일해도 괜찮은적어도 경멸받지 않는 얼마 안 되는 직업이었다. 여자 가정교사를 전문적으로 연구한 영문학자 가와모토 시즈코川本静子 교수에 따르면, 19세기 중반 영국에서 '가정교사'라고 하면 '일용할 양식을 벌기 위해 교편을 잡고 일하는 여성'을 뜻했다.

여자 가정교사의 수는 1851년 인구조사에서 2만 1,000명, 1865년 인구조사에서는 2만 5,000명이었다. 가정교사의 급여는 절대 높지 않았고 대체로 가사도우미와 비슷한 수준이었다. 교사가 되기 위한 훈련을 따로 받지 않았기에 아이 돌보미 역할까지 겸해야 할 때도 많았다. 말이 좋아 교사지, 실제로는 가정교사 겸 보모나 다름없었다.

그나마 가정교사가 천대받지 않는 직업이라는 사회적 인식이 여성 노동자에게는 중요했다. 만족스럽지는 않아도 그런대로 숙녀lady로 대우받을 수 있다는 인식이

계급사회인 영국에서 중요했기 때문이다. 가정교사는 생계를 위해 일하면서도 숙녀 지위를 유지할 수 있는 몇 안 되는 직업이었다. 가정교사의 경제 상황은 절대 넉넉하지 않았다. 오히려 당시에도 악명 높을 정도로 박봉이었다는 의견도 있지만, 쥐꼬리만 한 급여를 받아도 숙녀로 남을 수 있었다.

1848년부터 1853년에 걸쳐 여자 중고등교육기관이 신설되자 가정교사의 기준은 올라갔고, 이에 미달하면 영국 국내에서 일자리를 찾기 어려워졌다. 다행히 영국은 전 세계에 식민지를 거느린 대제국이었다. 1860년대에 들어서면 가정교사로 일하기 위해 식민지 호주와 뉴질랜드로 건너가는 여성이 늘어났다. 본국인 영국에서 가정교사 일자리를 찾지 못한 이들이었다.

본국에서 먹고살기 어려워진 사람이 입에 풀칠이라도 하기 위해 낯선 식민지로 건너가는 상황은, 앞에서도 살펴보았듯 18세기부터 북미 식민지 등지에서 흔히볼 수 있었다. 부모와 함께 살다 독립한 뒤 결혼할 때까지 남의 집에서 일하며 숙식을 해결하는 더부살이로 신세계에 건너간 젊은이도 있었다. 인도로 건너가 거액의 부를 일군 사람이 네이보브nabob. 인도 벼락부자로 영국에

금의환향하는 장면도 볼 수 있었다.

이와 같은 목적으로 여성 노동자의 대표주자인 가
정교사는 대영제국의 식민지였던 호주와 뉴질랜드로 건
너갔다. 영국에서는 마침 범선 시대가 막을 내리고 있었
고, 호주와 뉴질랜드까지 운항하는 증기선 정기 배편을
개설했다. 증기선 정기항로가 생기자, 남반구의 머나먼
나라까지 일자리를 찾아 떠날 수 있었다.

미국의 부상

11장에서 설명한 스코틀랜드인 이야기와 마찬가
지로, 가정교사의 해외 식민지 진출도 영국이라는 나라
가 전 세계에 식민지를 거느린 대제국이었기에 가능했
다. 비단 영국뿐 아니라 프랑스, 독일, 스페인, 포르투갈,
네덜란드 등 세계 곳곳에 식민지를 보유한 다른 유럽 나
라들도 매한가지였다. 국내에서는 하루 벌어 하루 먹고
살기도 벅찬 가난한 이들을 해외로 보내 정치적 안정을
도모했다. 그러나 이는 수많은 국내 문제를 해결하지 않
고 식민지로 전가한 행위로, 제1차세계대전이 끝나고 식

민지에서 독립 의식이 고취되자 이 시스템은 크게 흔들리기 시작했다.

전쟁이 끝나자 유럽을 대신해 미국이 급부상했다. 미국은 유럽과 달리 산업혁명과 조선업에 필요한 자원을 자국 내에서 거의 조달할 수 있었다. 노동력의 국내 수급이 가능한 게 바로 미국 번영의 원천이었다. 미국은 광대한 영토에 인구밀도는 낮아 노동력을 수용할 여지도 충분했다. 그 덕분에 유럽에서 대규모 이민자를 받아들일 수 있었고, 그 에너지를 고스란히 흡수했다.

'이민'이라는 관점에서 보았을 때, 세계사의 주역이 유럽에서 미국으로 옮겨 간 현상은 언젠가 일어날 수밖에 없었던 순리였다고 볼 수 있다.

13

세계사에서
바라본
유럽 이민 문제

제국주의가 결정한 세계지도

182쪽에서 살펴본 '제1차세계대전 촉발 당시 유럽과 식민지' 지도에 다시 눈도장을 찍어보자. 1913년 당시 유럽 각국이 세계사에서 얼마나 많은 식민지를 보유했는지 눈으로 확인하고 나면 놀라움에 입이 다물어지지 않는다. 지도에 그려진 영토는 실질적으로 지배력을 행사한 지역이었으며, 정치적·경제적 영향권에 있던 지역은 이보다 훨씬 컸다.

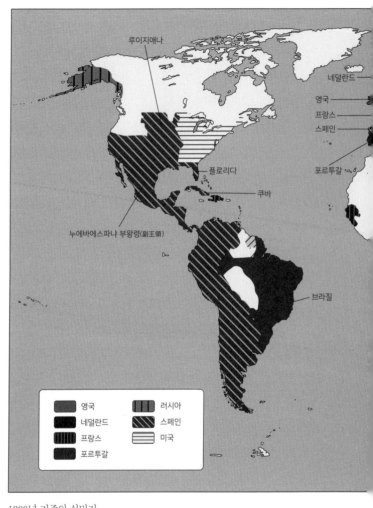

누에바에스파냐 부왕령(副王領)

루이지애나

플로리다

쿠바

브라질

네덜란드

영국

프랑스

스페인

포르투갈

영국	러시아
네덜란드	스페인
프랑스	미국
포르투갈	

1800년 기준의 식민지

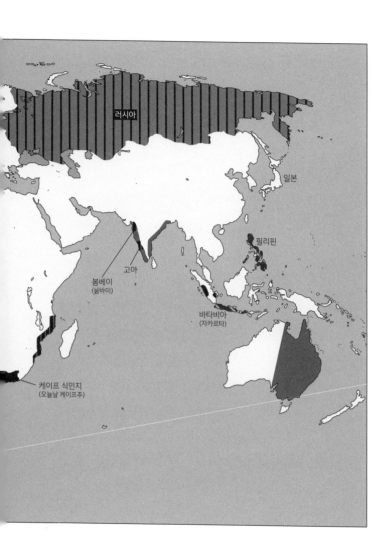

러시아

일본

필리핀

봄베이
(뭄바이)

고아

바타비아
(자카르타)

케이프 식민지
(오늘날 케이프주)

196~197쪽의 지도는 1800년 시점에서 그린 세계지도다. 182쪽의 지도와 비교해볼 때, 19세기 제국주의 시대의 유럽이 아시아와 아프리카에서 얼마나 급속한 식민지화를 진행했는지를 알 수 있다.

제국주의 시대란 미국과 유럽이 세계를 수탈한 시대라고 규정해도 무방하다. 유럽의 공업 제품이 유럽, 그중에서도 특히 영국의 증기선으로 세계 곳곳에 운송되었다.

유럽에 1차상품을 공급한 곳은 아시아와 아프리카, 때로는 중동 국가들이었다. 제국주의 시스템 아래에서 19세기부터 제1차세계대전이 발발하는 시대까지 유럽이 세계를 지배했던 구도가 시대적 특징이었다. 유럽은 그 과정에서 자신들 입맛에 맞게 멋대로 국경선을 그었다. 어떤 민족이 살던 토지인지, 각 민족 간의 관계는 어떠한지 등은 전혀 고려하지 않았다. 그저 유럽 열강의 편의대로 식민지를 비롯한 세계 여러 지역의 국경선이 정해졌다.

일시적으로는 열강이 땅따먹기 하듯 정한 국경선이 성공적으로 새로운 세계 질서를 형성하는 듯했다.

유럽으로 밀려오는 난민

현대사회 문제의 적지 않은 부분이 유럽 제국주의에서 비롯되었다는 사실을 보여주는 하나의 상징으로 '난민' 문제를 들 수 있다. 제국주의의 부정적 유산이 유럽을 넘어 전 세계로 파고들고 있다.

오늘날 유럽으로 밀려드는 대규모 이민자의 행렬이 모조리 과거 유럽 식민지에서 출발하지는 않았다. 제국주의 시절 식민지는 유럽에서 너무 멀리 떨어져 있었기 때문이다.

물론 알제리처럼 프랑스에서 가까운 지역부터 주로 마르세유를 거쳐 이주하는 이들이 존재했고, 그 숫자가 무시할 수 없는 규모로 늘어나기도 했다. 그러나 근거리 이민은 소수이고, 발등에 떨어진 불은 '난민' 문제다. 유럽에는 2014년 이후 유럽으로 온 난민 중 180만 명이 여전히 남아 있고, 세계적인 문제가 되고 있다.

2014년 약 20만 명, 2015년 100만 명 이상, 2016년 약 40만 명, 2017년 약 20만 명 등 상당한 수의 난민이 유럽으로 유입되었다. 유럽에서 난민을 가장 많이 받아들인 나라는 독일이고 헝가리, 프랑스, 이탈리아, 스웨

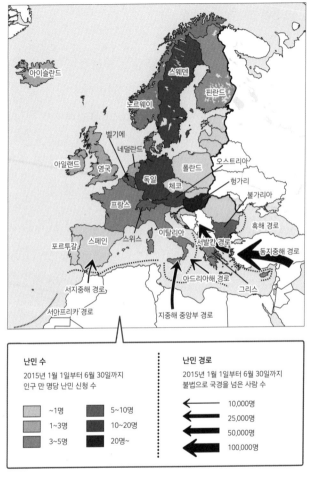

난민의 유입 경로와 수

https://commons.wikimedia.org/wiki/File:Map_of_the_European_Migrant_Crisis_2015.png를 바탕으로 작성

덴이 뒤를 잇고 있다. 난민의 출신국은 시리아, 아프가니스탄, 이라크, 파키스탄, 이란, 나이지리아 순이다.

난민은 육로와 해로로 유럽에 들어온다. 왼쪽 '난민의 유입 경로와 수' 지도와 아래의 도표에 2015년 유럽 난민 위기에 관한 여러 정보를 정리했다. 이를 보면 터키를 거쳐 육로로, 그리고 아프리카에서 해로로 난민이 유럽에 들어온다는 사실을 알 수 있다.

EU 회원국들의 첫 번째 난민 신청자 분포

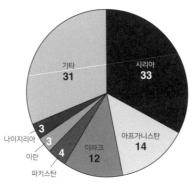

※이 그래프는 2016년 1월부터 6월 30일까지 전체에 대한 비율을 보여준다. "Immigration and the Refugee Crisis – Can Europe Rise to the Challenge?", 〈The EEAG Report on the European Economy〉(CESifo, München, 2017)

이번 장에서는 이들 국가와 유럽이 역사적으로 어떠한 관계였는지 발칸반도와 중동 각국을 중심으로 살펴보자.

제국주의 각국의 꿍꿍이

앞에서 열거한 지역 중 과거 유럽 식민지였던 지역은 많지 않다. 그러나 유럽 제국주의에 유린당한 지역이라는 공통분모가 있다.

19세기 말부터 20세기 초에 걸쳐 러시아는 흑해 연안과 동지중해부터 중동에 아우르는 지역을 노리고 남하 정책을 진행했다. 남하 정책을 추진하는 과정에서 카스피해와 이란, 중앙아시아의 투르키스탄, 아프가니스탄, 인도 방면 진출을 시도했다. 러시아의 대외 정책은 영국의 이해관계와 상충했고 두 나라는 날을 세워 대립했다. 영국은 제국주의 시절 3C정책을 표방하며 남아프리카의 케이프타운, 이집트의 카이로, 인도의 캘커타를 철도로 연결했기 때문이다. 케이프타운에서 카이로에 이르는 지역은 프랑스와, 카이로에서 캘커타에 이르는 경로는 베를린-비잔티움-바그다드를 철도로 연결하는 독일의 3B정책과 충돌했다.

이처럼 발칸반도와 중동에서 중앙아시아에 걸친 지역은 유럽 제국주의 국가들이 각국의 잇속을 챙기며 부딪치다 사라예보사건Assassination of Sarajevo을 계기로 제1차세계대전으로 번져 갈등이 눈덩이처럼 불어났다.

19세기 말부터 20세기 초에 걸친 제국주의 정책이 켜켜이 쌓여 오늘날 유럽 난민 문제를 형성하고 있다.

불을 내뿜은 '유럽의 화약고'

제1차세계대전의 방아쇠를 당긴 사라예보사건은 오스트리아·헝가리제국의 황태자 부부가 세르비아 청년에게 암살된 사건이었다. 사건의 배경에는 '유럽의 화약고'라 불린 발칸반도의 민족문제가 복잡하게 얽혀 있다.

본래 발칸반도는 역사적으로 비잔틴제국과 오스만제국이 지배하던 시대가 길었다. 겉으로는 하나의 통합된 제국을 유지하는 듯했으나, 속으로는 다양한 민족이 복잡하게 얽혀 곪아가고 있었다. 1803~1815년에 걸쳐 일어났던 나폴레옹전쟁이 끝난 뒤 전 세계적으로 하나의 민족이 하나의 국가를 형성하는, 이른바 '국민국가'가 당연하다는 의식이 높아졌다. 여러 민족이 혼재하던 발칸반도에서 민족주의가 고양되면 순식간에 민족분쟁으로 격화될 수밖에 없다.

본격적인 민족분쟁 전 단계로, 19세기에 오스만제국이 약화되면서 내셔널리즘민족주의으로 고무된 발칸반도에서 각국이 줄줄이 독립했고, 20세기 초에는 아주 일부 지역만 남기고 대제국이 와해되었다.

슬라브계 여러 민족의 일체성을 주장하는 범슬라브주의를 내건 러시아의 지원으로 1912년 10월 세르비아, 몬테네그로, 불가리아, 그리스가 발칸동맹을 결성하고 오스만제국에 선전포고하며 제1차발칸전쟁을 시작했다. 오스만제국은 독일을 등에 업고 범게르만주의를 내건 오스트리아·헝가리제국의 원조를 받았고, 양 진영은 격렬하게 부딪쳤다.

제1차발칸전쟁은 발칸동맹의 승리로 끝났으나, 전후 처리 합의에 실패해 1913년 불가리아와 제2차발칸전쟁에 돌입했다. 전쟁이 끝난 후 다수의 난민을 배출한 알바니아인 거주지 코소보Kosovo 지방은 세르비아와 몬테네그로가 분할 통치하게 되었다.

사라예보를 방문한 오스트리아·헝가리제국의 황태자 부부가 세르비아인 청년에게 암살된 사건은 이러한 상황에서 벌어졌고, 그 배경에는 다양한 꿍꿍이가 난무했다. 오스트리아·헝가리제국의 뒤에는 독일이 버티고 있었고, 세르비아 측에는 러시아가 가담했다. 독일은 오스트리아, 이탈리아와 삼국동맹을 맺었고, 러시아는 영국, 프랑스와 삼국협상을 체결했다. 발칸반도는 말 그대로 제국주의 국가 간의 잇속 챙기기가 현실에서 부딪치는 최전선이 되었다.

유고슬라비아 내전의 상흔

발칸반도는 원래 여러 민족이 뒤섞인 인종의 전시장 같은 지역으로 통합이 매우 어려운 상태였다. 제2차 세계대전 이후 보스니아와 헤르체고비나가 어느 정도 평화로운 상태를 유지했던 것은 카리스마 있는 지도자 티토Josip Broz Tito가 강력한 지도력으로 유고슬라비아 공화국에 강제로 편입시켰기 때문이다. 티토 사망 후, 여섯 개 공화국으로 성립된 다민족 연방국가였던 유고슬라비아에서 민족분쟁이 재발하리라는 것은 충분히 예견된 사태였다.

유고슬라비아에서는 1990년 치른 선거에서 연방 유지 반대가 더 많은 표를 얻어 1991년 6월 슬로베니아와 크로아티아가 독립을 선언했고, 이를 계기로 유고슬라비아 내전이 발발했다. 같은 해 9월 독립을 선언한 마케도니아오늘날 북마케도니아와 이듬해 3월 독립을 선언한 보스니아 헤르체고비나 연방은 독립을 요구하는 이슬람 세력과 크로아티아인, 독립에 반발하는 세르비아인이 섞여 있어 아주 복잡한 민족 구성을 보였다.

보스니아 헤르체고비나의 독립선언은 보스니아 내전보스니아 헤르체고비나 분쟁의 방아쇠를 당기기에 충분한 사건이었다. 이렇게 구舊유고 연방은 무질서한 아수라장이 되었다. 이 내전은 북대서양조약기구NATO가 세르비아인 지역 공습에 나서는 등 대규모 전쟁으로 발전해 20만 명의 사망자가 나왔고, 난민과 피난민은 총 200만 명에 달했다. 1995년 12월 파리에서 정식으로 강화조약을 체결할 때까지 내전은 계속되었다.

코소보 난민은 민족문제의 축소판

현재까지 대규모 난민을 배출 중인 코소보 지방에서 일어난 일도 이 일련의 문제와 연장선상에 있다. 유고슬라비아 해체로 국가가 잇달아 독립하는 과정에서 코소보의 자치 요구 운동도 거세졌다. 코소보 총인구의 약 160만 명 중 세르비아인은 13퍼센트뿐이고, 알바니아인이 대다수로 78퍼센트를 차지한다. 알바니아인 우선 정책을 펼치던 티토가 사라지자 코소보에서 불만이 터져 나왔고, 1981년 대규모 폭동으로 이어졌다. 이 코소보 문제는 유고슬라비아의 밀로셰비치Slobodan Milošević 대통령이 1998년 세르비아 치안부대를 파견해 코소보 해방군을 격퇴하려고 시도하며 다시 표면에 불거졌다.

분쟁 종결 후 코소보는 국제연합UN의 감독을 받았는데, 코소보의 불안정한 지위는 2008년까지 지속되었다. 그러다 2009년 세르비아가 EU 가입을 신청했을 때, 코소보와의 관계 개선이 조건으로 제시되자 세르비아는 코소보와 합의에 나섰다.

그러나 세르비아 헌법상 코소보는 여전히 세르비아의 한 지방으로, 독립국이 아니다. 현실에서는 코소보의 독립을 승인한 국가가 많지만, 승인하지 않은 국가도 적지 않아 지금까지 문제로 남아 있다. 알바니아계 주민이 세르비아인을 습격하는 사건도 빈발하고 있다. 이처럼 불안한 상황에서 발생한 코소보 난민은 발칸반도에 남은 난민 문제를 상징한다.

알바니아는 국민의 절반 이상이 이슬람 신자로, 종교적 측면에서 다른 구舊유고 연방국가들과 다르다. 또 아드리아해에 면해 있어 해로를 통해 이탈리아로 손쉽게 건너갈 수 있다.

1939년에는 이탈리아의 무솔리니가 알바니아를 점령했고, 1943년부터는 독일이 지배했다. 1946년 독립국가로 재출범해 알바니아공화국으로 사회주의 체제를 채택했는데, 폐쇄경제 노선을 취해 다른 사회주의 국가들과 관계가 약해진 이후 극심한 경제적 곤란을 겪었다. 마침내 1991년 사회주의 체제가 붕괴하자 경제 상황이 더욱 나빠지면서, 바다를 건너 이탈리아로 이주하려는 사람들이 아드리아 해안의 항구로 밀려들었다. 그러나 난민이 상륙해도 이탈리아 정부는 입국을 허가하지 않아 큰 문제로 남았다.

시리아 난민 문제

이제 중동으로 눈을 돌릴 차례다. 시리아도 장기간에 걸쳐 오스만제국의 지배를 받은 곳이다. 제1차세계대전이 끝나고 오스만제국의 지배력이 약해지자, 다마스쿠스에 아랍 정부를 수립한 파이살 1세가 1919년 파리강화회의에 출석해 아랍 국가의 승인을 요구했다. 그러나 영국과 프랑스 양국은 요구를 기부했고, 미국 윌슨 대통령의 민족자결주의 원칙도 아랍에는 적용되지 않았다.

그러자 파이살 1세는 1920년 3월 시리아·아랍왕국 독립을 선언하고 국왕으로 즉위했다. 같은 해 4월 영국, 프랑스 등 승전국은 산레모회의에서 시리아·아랍왕국을 나누어 영국과 프랑스가 위임통치한다고 합의했고, 7월에 프랑스군은 다마스쿠스를 공격해 파이살 1세를 몰아내는 데 성공했다. 시리아·아랍왕국 중 시리아는 1920년부터 프랑스의, 요르단과 팔레스타인은 영국의 위임통치령이 되었다.

프랑스는 시리아의 다수를 차지하는 수니파 이슬람 세력을 억누르기 위해 시아파와 기독교도의 종교 대립을 이용했고, 종교적 대립에서 내전이 발생하는 구조가 만들어지고 말았다. 그 구조는 오늘날까지 이어져 아직도 수많은 난민을 배출하고 있다.

2011년에는 시리아에서 아랍 세계의 민주화를 요구하는 '아랍의 봄'이 촉발되어, 각지에서 발생한 반정부 시위를 아사드정권이 탄압하며 내전으로 발전했다. 내전은 반체제파, 테러집단 IS Islamic State. '이슬람국가'라는 뜻의 급진 수니파 무장단체 - 옮긴이의 성립, 러시아의 개입 등으로 아수라장이 되었으며, 이로 인해 30만 명 이상이 사망하고 총인구 2,240만 명 중 500만 명 이상이 난민으로 전락하고 말았다.

이라크와 쿠웨이트의 상황

이라크의 상황은 물론 후세인정권이 일으킨 혼란이 직접적 원인이라고 생각할 수 있으나, 1921년 영국이 이라크와 관계가 깊어진 쿠웨이트를 분리하는 형태로 파이살 1세를 국왕으로 추대해 이라크왕국을 건설하면서 훗날 중동에 혼란을 초래했다는 지적이 타당하다.

영국은 페르시아만으로 손쉽게 진출하기 위해 쿠

웨이트를 1899년에는 보호국으로, 1913년에는 보호령으로 만들었다. 그리고 제1차세계대전 이후 이라크와 쿠웨이트를 함께 식민지로 삼았다.

이라크는 1932년 독립했는데, 독립 당시 쿠웨이트도 자국의 일부라고 주장해 이라크와 쿠웨이트 국경은 확정되지 않았다. 1961년 쿠웨이트가 영국 보호령에서 독립했을 때도 이라크는 '쿠웨이트는 이라크의 일부'라는 주장을 철회하지 않았다. 걸프전의 세기가 된 1990년 사담 후세인의 쿠웨이트 침공을 정당화할 생각은 없으나, 이라크 측에서는 쿠웨이트도 이라크 일부라는 인식이 뿌리 깊게 자리하고 있었다.

서구 열강은 제국주의 시대에 중동 국가의 국경선을 자신들 편의대로 정했고, 그 결정이 훗날 어떤 영향을 미칠지는 고려하지 않았다. 이라크와 쿠웨이트의 국경선 확정 문제는 제국주의의 부정적 유산을 보여주는 대표적 사례라고 할 수 있다. 영국이 좀 더 신중하게 이라크와 쿠웨이트를 다루었더라면 이후 중동에서의 분쟁은 줄어들고 걸프전도 일어나지 않았을 수 있다. 또 걸프전으로 인한 난민도 발생하지 않았을 공산이 크다.

제국주의가 남긴 어두운 유산

엄밀하게 이 모든 사건이 제국주의 시대에 일어나지는 않았으나, 그 기원은 서구 열강의 제국주의 정책에서 찾을 수 있다. 당시에는 서구 열강이 자유롭게 세계 각지를 지배해도 좋다는 의식이 팽배했다. 제국주의 시대에는 영국뿐 아니라 프랑스, 독일, 스페인, 포르투갈, 네덜란드 등 유럽 각국이 전 세계에 식민지를 보유했다. 대영제국의 규모와 비교하면 새 발의 피 수준이나, 나름대로 제국을 건설했다.

그러한 상황에서 세계화가 진행되고 본국과 식민지의 관계가 정치적·경제적으로 밀접하게 얽히자 필연적으로 쌍방의 인적 이동이 활발해졌다. 식민지를 지배하기 위해 본국에서 식민지로 사람들이 이동했고, 경제적 이익을 추구하며 식민지에서 본국으로 이동하는 사람도 많았다.

본국은 경제성장을 달성하기 위한 저렴한 노동력으로 식민지 사람들을 활용했다. 세계 최대 식민지 제국을 건설한 영국의 사례를 보면 알 수 있다. 영국에는 식민지에서 온 이들이 몰려들었다. 현재 영국에 다양한 인종이 사는 것은 식민지 시대의 유산이다. 물론 다른 유럽 국가에도 식민지에서 건너온 이민자는 있었다. 다시 말해 유럽은 수많은 이민자를 외부에서 받아들이는 시스템으로 돌아간 것이다.

복잡한 실타래처럼 얽히고설킨 난민 문제는 제국주의로 구축한 시스템과 밀접한 관련이 있다. 2020년 기준 EU 회원국은 27개국으로, 경제적인 단일시장이 특징이다. 따라서 회원국 간에는 여권 없이도 손쉽게 이동할 수 있다. 그런데 문턱을 낮추자 유럽 안에서 난민 이동을 부추겨 새로운 문제를 만들어냈다.

독일로 들어온 대규모 난민은 EU 최대 경제대국이라는 이유로 독일을 선택했다. 그러나 서독 시절부터 독일 정부가 저임금 노동력으로 부리기 위해 외국인 노동자Gastarbeiter를 터키에서 데려오며 다만 현실에서는 터키에서 오는 쿠르드인도 많았다 시작된 측면도 있다. 이미 외국인 노동자를 대규모로 받아들인 이상 유럽 밖의 난민만 거부할 수는 없는 노릇이다. 오스트리아가 과거 합스부르크제국의 중심 국가였고 오스만제국과 국경을 접하고 있었다는 사실을 고려하면, 오스트리아의 난민 문제는 당연한 결과다.

스웨덴 난민은 EU의 시장 통합이 어느 정도로 진전되었는지 보여주는 잣대 역할을 하고 있다. 북유럽 국가들은 서유럽과 어느 정도 거리를 두고 싶다는 의사를 내비쳤지만, 스웨덴은 불황으로 1995년 EU에 가입할 수밖에 없었다. EU 회원국이 된 이상 난민 유입은 당연하다. 단일시장은 사람들의 유동성을 비약적으로 높였고, 예전에는 난민과 그다지 관계가 없던 스웨덴까지 유럽 밖에서 온 난민을 받아들이게 되었다.

유럽의 난민 문제는 역사와 문화 밑바탕에 깔린 문제라 해결이 쉽지 않다. 역사라는 관점에서 보았을 때 우리가 사는 시대와 유럽 제국주의 시대는 아직도 눈에 보이지 않는 끈으로 이어져 있다.

맺음말

인류는 왜 이동할까? 이 책의 근본적인 화두이
나 아직도 딱 떨어지는 확실한 답을 찾지 못했다. 그래서
'맺음말'을 이용해 나름의 해답을 제시하고 싶다.

모든 생물은 종種의 보존을 최대 목적으로 생존한
다. 개체는 언젠가 스러져 사라질 운명이나 종은 살아남
아야 한다. 인류가 다양한 환경에서 살아남는 전략을 채
택한 것은 그런 의미에서는 필연적이었으리라.

인류의 고향은 아프리카에 있다. 아프리카는 제법
더운 지역이므로 우리 인류는 본래 열대 또는 아열대에
적합한 종이었다고 추정할 수 있다. 그러나 두 발로 서서
걷고 손을 자유롭게 사용하며 동물의 털가죽을 걸칠 수
있게 되었고, 그 덕분에 추운 곳에서도 살아갈 수 있었다.

왜 인류는 베링육교를 넘어 아메리카 대륙으로 건

너갔을까? 왜 시베리아 같은 혹한의 땅까지 가야 했을까? 인류가 다양한 지역으로 이동한 것은 어떠한 천재지변이 일어나도 종을 보존할 수 있는 합리적인 선택이었으리라. 그렇게 생각하면 호모사피엔스라는 종 자체에 '이민'이라는 선택지가 내장되어 있었다고 생각할 수밖에 없다.

이 책은 그러한 문제의식을 밑바탕에 깔고 인류 역사를 거슬러 올라간다. 다만 지면 관계상 인류 역사 전체를 골고루 다룰 수는 없었다. 인류가 어떻게 이동하고, 그 이동이 어떠한 의미를 역사에 부여하는지에 초점을 맞추어 설명하고자 했다.

이 책에 적은 대로 '이민'이란 사람들을 연결하고 문명을 전파하고 새로운 문화와 기술, 음식, 생활양식 등

을 퍼뜨린 이들의 이야기다. 인류는 다양한 지역에 거주
하며, '이민'이 있었기에 다른 장소에 사는 사람끼리 접
점을 가지고 이어질 수 있었다. 또 강제로 이주당한 흑인
등 '이민자'의 희생으로 사람들이 더 나은 삶을 누릴 수
있었음을 잊지 말아야 한다.

　　이처럼 '이주' '이동' '식민' '이민'을 중심으로 분
석함으로써 세계 각지의 역사가 어떻게 접점을 가지게
되었는지 한눈에 파악할 수 있다. 이 책은 독자의 이해를
돕겠다는 목적으로 썼다. 독자 여러분이 이 핵심어로 세
계사가 어떻게 이어지는지 읽어낼 수 있다면 제목 그대
로의 임무를 완수했다고 본다.

　　　　　　　　　　　　　　　　다마키 도시아키

참고문헌

- 安野眞幸, 《教会領長崎ーイエズス会と日本(교회령 나가사키 – 예수회와 일본)》, 講談社, 2014

- 岩生成一, 《日本の歴史〈14〉鎖国(일본의 역사 14 쇄국)》, 中央公論新社, 2005

- 印東道子, 《島に住む人類 オセアニアの楽園創世記(섬에 사는 인류 오세아니아의 낙원 창세기)》, 臨川書店, 2017

- 応地利明, 《トンブクトゥー交界都市の歴史と現在(통북투, 경계 도시의 역사와 현재)》, 臨川書店, 2016

- 川本静子, 《ガヴァネス(女家庭教師)ーヴィクトリア時代の「余った女」たち(여자 가정교사ー빅토리아 시대의 '잉여 여인들')》, 中央公論社, 1994

- 熊野聰, 《ヴァイキングの歴史ー実力と友情の社会(바이킹의 역사)》, 創元社, 2017

- 栗田伸子·佐藤育子, 《興亡の世界史 通商国家カルタゴ(흥망의 세계사 통상국가 카르타고)》, 講談社, 2016

- 黒嶋敏, 《琉球王国と戦国大名ー島津侵入までの半世紀(류큐왕국과 전국 다이묘)》, 吉川弘文館, 2016

- 後藤健, 《メソポタミアとインダスのあいだ : 知られざる海洋の古代文明(메소포타미아와 인더스 사이 : 알려지지 않은 해양 고대문명)》, 筑摩書房, 2015

- 杉原薫, 〈近代世界システムと人間の移動(근대 세계 시스템과 인간의 이동)〉, 《岩波講座 世界歴史19 移動と移民(이와나미 강좌 세계 역사 19 이동과 이민)》, 岩波書店, 1999

- 高橋裕史, 《イエズス会の世界戦略(예수회의 세계 전략)》, 講談社, 2006

- 高橋裕史, 《武器·十字架と戦国日本ーイエズス会宣教師と「対日武力征服計画」の真相(무기·십자가와 전국 일본ー예수회 선교사와 '대일 무력 정복 계획'의 진상)》, 洋泉社, 2012

- 玉木俊明, 《海洋帝国興隆史ーヨ＿ロッパ·海·近代世界システム(해양제국 흥망사ー유럽·바다·근대 세계 시스템)》, 講談社, 2014

- 玉木俊明, 《先生も知らない世界史(선생님도 모르는 세계사)》, 日本経済新聞出版社, 2016

- 玉木俊明, 《拡大するヨ＿ロッパ世界 1415-1914(확대하는 유럽 세계 1415~1914)》, 知泉書館, 2018

- 玉木俊明, 《逆転の世界史ー覇権争奪の5000年(세계사의 중심축이 이동한다)》, 日本経済新聞出版社, 2018

- 玉木俊明, 《人に話したくなる世界史(남에게 말하고 싶어지는 세계사)》, 文藝春秋, 2018

- 玉木俊明, 《物流は世界史をどう変えたのか(물류는 세계사를 어떻게 바꾸었는가)》, PHP研究所, 2018

- 林俊雄, 《興亡の世界史 スキタイと匈奴ー遊牧の文明(흥망의 세계사 스키타이와 흉노ー유목 문명)》, 講談社, 2017

- 深沢克己, 《商人と更紗―近世フランス=レヴァント貿易史研究(상인과 경사(更紗)―근세 프랑스 레반트무역사 연구)》, 東京大学出版会, 2007

- 松浦章, 《汽船の時代―近代東アジア海域(기선의 시대―근대 아시아 해역)》, 清文堂出版, 2013

- 家島彦一, 《海が創る文明―インド洋海域世界の歴史(바다가 만드는 문명―인도양 해역 세계의 역사)》, 朝日新聞, 1993

- David Kirby · Merja-Liisa Hinkkanen, 《The Baltic and North Seas(발트해와 북해)》, Routledge, 2000

- Henri Pirenne, 《Medieval Cities : Their Origins and the Revival of Trade(중세 유럽의 도시)》, Princeton University Press, 1969

- Henri Pirenne, 《Mohammed and Charlemagne(마호메트와 샤를마뉴)》, Meridian Books, 1959

- Philip D. Curtin, 《Cross―Cultural Trade in World Hist(경제인류학으로 본 세계 무역의 역사)》, Cambridge University Press, 1984

- Seija―Riitta Laakso, 《Across the Oceans : Development of Overseas Business Information Transmission 1815―1875》, Gardners Books, 2006

- T. M. Devine, 《Scotland's Empire : The Origins of the Global Diaspora》, Penguin books, 2004

- Takeshi Hamashita, 〈The Lidan Baoan and the Ryukyu Maritime Tributary Trade Network with China and

Southeast Asia, the Fourteenth to Seventeenth Centuries⟩, in Eric Tagliacozzo & Wen-chin Chang (eds.), 《Chinese Circulations : Capital, Commodities, and Networks in Southeast Asia》, Duke University Press, 2011

- Kevin H. O'Rourke·Jeffrey G. Williamson, 《Globalization and History : The Evolution of a Nineteenth—Century Atlantic Economy》, MIT Press, 2011

- Giorgio Riello, 《Cotton : The Fabric that Made the Modern World》, Cambridge University Press, 2013

- Stuart B. Schwartz (ed.), 《Tropical Babylons : Sugar and the Making of the Atlantic World, 1450— 1680》, University of North Carolina Press, 2004

이주, 이동, 식민, 이민의 세계사

초판 1쇄 인쇄 2021년 6월 1일
초판 1쇄 발행 2021년 6월 10일

지은이 다마키 도시아키
옮긴이 서수지
발행인 박효상 **편집장** 김현
기획·편집 김설아 하나래   **교정·교열** 정은경   **디자인** 이연진
마케팅 이태호 이전희 **관리** 김태옥

종이 월드페이퍼 **인쇄·제본** 현문자현
출판등록 제10-1835호 **발행처** 사람in
주소 04034 서울시 마포구 양화로11길 14-10(서교동) 3F
전화 02) 338-3555(代) 팩스 02) 338-3545
E-mail saramin@netsgo.com Website www.saramin.com

ISBN 978-89-6049-900-3 03900